我们要以习近平新时代中国特色社会主义思想为指导，深入学习宣传"时代楷模"其美多吉同志先进事迹，在各行各业营造学习先进、崇尚先进、争当先进的浓厚氛围，以其美多吉同志为榜样，不忘初心、牢记使命，爱岗敬业、忠诚担当，踏实干事、无私奉献，努力作出一流业绩，为决胜全面建成小康社会、实现中华民族伟大复兴的中国梦作出新的更大贡献。

——国务委员　王　勇

（摘自新华社 2019 年 4 月 18 日《王勇会见其美多吉先进事迹报告团强调
向时代楷模学习　在平凡的岗位上作出不平凡业绩》）

　　要深刻认识"其美多吉雪线邮路"先进事迹秉承实践了几代交通人、邮政人的服务国家统一、政治稳定、民族团结、经济繁荣、社会进步、人民幸福的职责使命；继承弘扬了一不怕苦、二不怕死，顽强拼搏、甘当路石，军民一家、民族团结的"两路"精神；丰富发展了艰苦奋斗、勇于创新、不畏艰险、默默奉献的交通精神。

——交通运输部党组书记　杨传堂

（摘自中国交通新闻网 2018 年 3 月 21 日《杨传堂在其美多吉先进事迹报告会上强调：
大力弘扬"两路"精神和新时代交通精神　共同谱写新时代交通强国建设亮丽篇章》）

时代楷模

其美多吉

中国邮政快递报社◎编

人民出版社

（周兵/摄）

目　录

1

序 雪线邮路的幸福使者

中共国家邮政局党组

其美多吉，中国邮政集团公司四川省甘孜县分公司邮车驾驶员、驾押组组长，承担着川藏邮路甘孜到德格段的邮运任务。他30年如一日，驾驶邮车在平均海拔3500米的雪线邮路上运递邮件，用青春和生命写下了一个平凡劳动者的不凡业绩，用责任和热爱践行"人民邮政为人民"的使命宗旨，创造守护着藏区人民的美好生活。2019年1月25日，中共中央宣传部发布其美多吉先进事迹，授予他"时代楷模"称号。其美多吉从雪域高原走进千家万户、走进万千视野，和300多万邮政业从业者一起，走过农村田间的朝露晨曦，越过山野林间的沟坎坡崖，跑过城市巷陌的幻彩霓虹，走进亿万群众的心里……

中宣部授予其美多吉"时代楷模"称号纪录片（来源："时代楷模发布厅"微信公众号《身中17刀，手脚筋被砍断，为了保护邮件，这名康巴汉子拼了！》）

一辈子坚守一条路

1989年，26岁的其美多吉进入邮政企业，开上德格县的第一辆邮车，往返于康定至德格之间的邮路。从那时起，其美多吉一直坚守着这条邮路，30年间已累计往返6000多次。仅往返1208公里的雪线邮路最险路段，就已累计行程140多万公里。

甘孜州邮路示意图

甘孜州邮政分公司运营管理部编制 2018年3月

邮路里程
康定－甘孜（395公里）
甘孜－石渠（325公里）
康定－色达（453公里）
康定－新龙（116公里）
甘孜－新龙
甘孜－德格（290公里）
甘孜－康定（209公里）
康定－丹巴（142公里）
乡城－得荣（553公里）
理塘－巴塘（210公里）
理塘－得荣（429公里）
康定－德格（604公里）

川藏线康定至德格的邮路承担着四川进藏邮件的转运任务，其中"其美多吉雪线邮路"是全国最危险的邮路之一，全程往返 1208 公里，平均海拔 3500 米以上

（中国邮政集团公司四川省分公司供图）

30 年来，其美多吉和同事们一直在奔跑：奔跑在艰险的雪线邮路上，奔跑在新时代的赛道上，奔跑在追梦圆梦的征程上。其美多吉和这个时代的英雄一起，谱写出普通劳动者拼搏奋进、牺牲奉献的时代颂歌，融汇进为实现中华民族伟大复兴的中国梦不懈奋斗的时代交响。

其美多吉坚守的这条路，是怎样的一条路呢？

这是一条距离死神最近的路。川藏公路从康定出发，起步就要翻越海拔 4200 多米的折多山，弯多路险，蜿蜒盘旋向山顶。当地人说，"翻死人的折多山"。过了折多山，还有号称"川藏第一险"的雀儿山。雀儿山公路修建在悬崖上，一年超过 2/3 的时间被冰雪覆盖，路窄、雪厚、弯急，垭口海拔 5050 米，最窄处不足 4 米，仅容一辆大车缓慢通行。每一次换挡加速转向，都是在与死神博弈，当地人说，"车过雀儿山，如闯鬼门关"。除了这两座山，沿途还有大

雀儿山垭口区域海拔 5050 米，是邮车的必经之地，号称"川藏第一险"，路窄、雪厚、弯急，公路最窄处不足 4 米

（周兵 / 摄）

大大小小 17 座山。艰险的不只是路况，还有劫匪和野狼。其美多吉为保护邮车，曾与歹徒搏斗身中 17 刀，至今头部还留有一块钛合金骨骼。即便如此，他也从未离开过心爱的邮车、挚爱的邮路。

只要有邮件，邮车就得上路；只要有人在，邮件就要送达。再大的困难也吓不倒其美多吉："山再高、路再险，没有邮车翻越不了、征服不了的。"

这是一条勇者才能征服的路。走一次雪线邮路不是难事，但几十年如一日驾车穿越极为不易；克服生活和工作中的困难看似平常，但多次死里逃生后又义无反顾重返邮路更难能可贵。在山上，被大雪围困、当"山大王"是常事。一次，其美多吉和同事顿珠在雀儿山遭遇雪崩，用加水桶和铁铲一点一点铲雪，不到 1000 米的路，走了两天两夜。2017 年，雀儿山隧道正式开通的前一天，其美多吉和同事驾驶邮车最后一次翻越雀儿山，与山上公路道班的兄弟们道别。在垭口，几个五大三粗的汉子紧紧拥抱在一起，泪流满面。他们既感怀、庆贺隧道开通，天堑变通途，又感慨、庆幸"这么多年过去，我们都还活着"。

山登绝顶人为峰。每翻越一次雪线邮路都是对困

其美多吉在雀儿山下
取冰化水给邮车水箱加水
（周兵／摄）

难的征服，每走过的一步都是在印证初心和对藏区民众的承诺。他们已经走过千山万水，但仍在不断跋山涉水。

　　这是一条传承邮政精神的路。"传邮万里、国脉所系"，邮政普遍服务是国家赋予人民邮政的神圣使命。其美多吉的坚守，阐释了"情系万家、信达天下"的使命担当，集中体现了邮政精神。其美多吉驾驶邮车战高原斗风雪，一往无前直面生死，越遇艰险越向前，在他身上集中体现出的"不畏艰险、为民奉献、忠诚担当、团结友善"的可贵精神，不只是一个个体，而是一个群体；不只属于这个时代，而是几代邮政人精神品质的历史传承。从连续21年投递信件报刊360多万件无差错、"一封信一颗心"的第一代女邮递员罗淑珍，到"用一个人的长征传邮万里、用20年的跋涉飞雪传薪"的"马班邮路上的忠诚信使"王顺友，从感动万国邮联的藏族"溜索姑娘"尼玛拉木，再到爱岗敬业、意志坚强、珍爱团结的"雪线邮路的幸福使者"其美多吉……以他们为代表的邮政人，一棒接过一棒，一代接着一代，赓续传承、丰富拓展邮政精神的内涵，矢志不渝、接续奋斗，履行服务经济繁荣、社会进步、民族团结、人民幸福的职责和使命。

一使命坚持一件事

邮政是传递党中央声音的重要渠道，是国家重要的社会公用事业。在当今时代，邮政更是在国民经济中发挥着重要的基础性作用。其美多吉始终不忘"为人民服务"的初心，满怀赤诚，用实际行动践行"人民邮政为人民"的服务宗旨，他和他的邮车就像一座桥梁，一头连着党和政府，一头连着藏区百姓；一头连着川藏高原，一头连着全国各族人民。他在雪线邮路上奔跑的30年，见证着党对藏区的巨大关怀，见证着藏区百姓生活的日益富足，见证着祖国的日益强盛。

走遍千山万水，传递党的关怀。邮政网络覆盖960多万平方公里，乡乡设所、村村通邮，承载着提供普遍服务的政治使命和社会责任。四川藏区一位乡长说，邮递员是党和政府的代表，藏民一个月看不见他们，就会说"党和政府不管我们了"。其美多吉深知自己虽然岗位平凡，但责任在肩、使命如山："邮政承担着通政的职能，通过党报党刊向藏区群众传递党的声音、温暖和关怀，怠慢不得。" 2018年，其美多吉带领班组安全行驶62.49万公里，向藏区运送邮件41万件；运送省内邮件37万件，连续30年机要通信质量全红。

30年来，其美多吉把履行好邮政普遍服务和特殊服务职责看得比泰山还重，把传递党和政府的声音，满足人民群众通信需要，看得比自己的生命还宝贵。

联系千家万户，传递美好幸福。其美多吉和同事们每天的邮车上除了党报党刊，还有来自全国各地的邮件和包裹。从入职第一天起，其美多吉就将一句话牢牢记在心里：人在、车在、邮件在——这是一种信念，更是一种沉甸甸的责任。在他心里，他们传递的不仅是一个个邮包、一份份报纸，更是乡亲们心中殷切的期望和对美好生活的向往。这些包裹大部分来自北京、上海、杭州、大连、东莞等内陆和沿海城市，收件人基本都是藏区留守老人、儿童和在校学生。其美多吉说："每一个邮件、包裹都饱含着父母对儿女的牵挂、儿女对父母的孝心，不及时送达感觉对不起那一份份心意。"邮车上，还有一份份发往藏区的大学录取通知书。其美多吉深知，一份大学录取通知书，将改变一个人的命运，承载一个家庭的未来。平安送达，责任重大。

邮车比亲人还亲，邮件比生命还重。不仅是其美多吉，往返雪线邮路的每一位邮车驾驶员都清楚，人在邮件在，在野外紧急情况下，可以烧掉任何东西保护自己，但有一样东西决不能烧，那就是邮件。信，达天下；信，守承诺。

服务千城万店，传递未来希望。在藏区，以前邮车运进来的东西多、运出去的东西少。这几年，随着党和政府的富民政策深入到藏区百姓身边，随着邮政设施不断完善、电子商务快速发展，藏区群众网购日益普及，邮政业双向流通主渠道作用逐渐凸显，已经成为工业品下乡和农产品进城的重要通道。如今，其美多吉的邮车已由原本的 5 吨载量升级为 12 吨，甘孜到德格每天两辆邮车都是满载运行，雪线邮路也从一条民生的幸福路，升级为一条百姓的致富路，藏区百姓与城里市民一样享受到了便捷高效的寄递服务。藏民们说，价值高的东西，只有交给其美多吉他们，我们才放心。其美多吉说："我看到大家拆包裹的样子，心里就高兴。"

一句话坚定一生情

每一个时代都有属于自己的英雄。

其美多吉作为邮政战线上一名普通的邮车司机，其工作无疑是平凡的，但他 30 年如一日，因为老邮政人一句"不能丢了邮政的老传统"的叮嘱，他坚定了一生的情，用青春和生命邮递，用专注和挚爱坚守，用车轮丈量出一条非凡的邮路，忠实传承着几代邮政人服务藏区稳定、民族团结、经济繁荣、社会发展的职责使命。

其美多吉，就是我们这个时代的英雄。

情系邮政绿，永当螺丝钉。送邮件、跑邮路，服务百姓民生，这是其美多吉的本职工作，更是他一生的坚守。他始终情系邮政绿，沉得下心境，耐得住寂寞，抵得住诱惑，就像一颗螺丝钉，牢牢铆在雪线邮路上。30 年里，不知多少人劝其美多吉："你熟悉川藏线，驾驶技术好，跑运输肯定能挣大钱，何必守着一辆邮车开一辈子？"他憨厚一笑："我就喜欢开邮车。"单位曾两次将他调整到管理岗位，但他都婉言谢绝了："跑邮路干老本行心里更踏实。"2015 年，其美多吉的小儿子扎西泽翁进入甘孜县邮政分公司工作，成为他的同事，雪线邮路多出一对并肩战斗的"父子兵"。

其美多吉说："每当老百姓看到邮车和我，就知道党和国家时时刻刻关心着这里。我们每一颗螺丝钉都是在为藏区安定团结作贡献，我热爱我的工作。"其美多吉这颗"螺丝钉"，忠诚使命、履行职责、奉献人民，在雪线邮路上铆得深、铆得紧，激励着广大邮政工作者，以更加昂扬的精神状态和奋斗姿态，建

那抹邮政绿就是黑夜里的光

（周兵/摄）

功新时代、开拓新征程。

　　心怀一团火，播撒一路情。川藏线，以前是一条运输生命线，进藏物资车辆源源不断，现在是一条热门旅游线，骑行自驾游客络绎不绝。在其美多吉的车上，常备氧气瓶、铁锹、药品和防滑链。长年奔走雪线邮路，他和同事们常伸热心之手、常行举手之劳。遇到因高原反应晕倒的驴友，他们立即停车将人送去医院；遇到因雪天路滑不敢开车的司机，他们趴在冰冷路面上帮忙加挂防滑链，代为开下弯道；遇到被风雪围困的牧民，他们主动帮助并提供食物。每当遇到暴风雪、泥石流等险情，路上的司机都会不约而同地找地方停下来等邮车。待邮车通过后，大家才会跟着邮车辙痕，小心翼翼地开过去。因为他们知道，跟着邮车走，就能安全穿越险境。在人们的心目中，那抹流动的邮政绿，就是黑夜里的光，就是困顿中的希望。

人们对邮车的信任和依赖也鼓舞着其美多吉和他的同事们。在他们看来，做人就应该像川藏高原一样，有着广阔的胸襟和博大的胸怀，要敞开怀抱真诚帮助每一个遇到困难的人。

民族一家亲，抱如石榴籽。其美多吉和同事们讲团结、顾大局，行友善、促和谐，将心比心，以心换心，藏汉同胞亲如一家，用实际行动践行着社会主义核心价值观。每当看到绿色邮车，雀儿山公路道班工人就像看到了亲人。其美多吉和同事们记得清每位道班工人的家庭地址，经常帮道班兄弟发电报、送家信、寄汇款。山上的日子枯燥孤寂，他们就给道班送去报刊、录像带、光碟。每年春节前，他们都会给道班送去牦牛肉、青稞酒、蔬菜、水果。道班上的床，每名邮车驾驶员都睡过；道班上的饭，每名邮车驾驶员都吃过。"除了家人和同事，最亲的就是邮路沿途的道班兄弟们。"其美多吉记得，每次被困雀儿山，道班的兄弟们总是第一时间赶到，送来自己舍不得吃的热饭热菜；哪天邮车没有按时经过，道班兄弟们就会沿途寻找。

雪域温暖常在，邮路温情常伴。其美多吉和同事们凝聚起了川藏线上各民族同胞手足相亲、守望相助的涓涓细流，把雪线邮路暖成了一条各民族互帮互助的温情路、团结路、和谐路。

一颗心坚信一面旗

其美多吉行驶在雪线邮路上的 30 年，见证着党和政府对藏区的扶持，亲历着家乡的巨变，这使他的内心充满了对党的感恩，对新时代的欢欣鼓舞，在他的心底一直珍藏着一个心愿：加入中国共产党。

因为心怀感恩，所以心向往之。其美多吉在川藏线边上长大，"小时候，见得最多的就是绿色的军车和邮车，每次都追着车跑，闻着汽油味特别享受"。他说："阿爸阿妈告诉我，那是藏族人民的大救星、恩人共产党派来的车队，专门往藏区运送物资的。"有一件事，其美多吉一直念念不忘："2012 年身受重

15

伤，组织对我不离不弃，全力救治。可以说，是组织给了我第二次生命，我一定要感恩组织、回馈组织。"其美多吉见证了改革开放 40 年，特别是党的十八大以来，藏区经济、社会发生的翻天覆地的变化。天更蓝、山更青、水更绿，生活越来越好，腰包越来越鼓，笑容越来越多。他发自肺腑感叹："就拿我家来说，现在住楼房、开轿车，儿子、儿媳工作稳定，两个孙子活泼可爱，一家人很幸福很满足。放在以前，是想都不敢想的事。感恩共产党，感恩新时代。"

因为职责神圣，所以心生敬畏。其美多吉多次动过入党念头，可他觉得自己做的都是分内工作，岗位平凡、贡献不大，距离党员标准还差得很远，所以迟迟不敢写入党申请书。2017 年 10 月 18 日，习近平总书记在党的十九大上向全党同志发出号召："一定要永远与人民同呼吸、共命运、心连心，永远把人民对美好生活的向往作为奋斗目标。"聆听习近平总书记掷地有声的话语，其美多吉心潮澎湃，感同身受，作为一名普通群众，他是美好生活的见证者、受益者。他渴望加入党组织的心愿更加迫切了。因为文化水平不高，他不知道该如何更好地表达对党的深情和入党的迫切愿望，入党申请书反反复复写了十几稿，最后还是觉得写心里话最好。党的十九大召开 20 天后，他郑重地向党支部递交了入党申请书："我想成为党组织的一员，为人民服务。"2018 年 9 月 30 日，其美多吉终生难忘。那天，他光荣地加入中国共产党，成为一名预备党员。面对鲜红的党旗，他庄严宣誓："我志愿加入中国共产党……"

因为真诚热爱，所以初心不改。这些年，其美多吉和所在班组获得了很多荣誉，但在他看来，荣誉属于过去，是激励更是鞭策。他想念的是高原的邮路、惦记的是自己的邮车、牵挂的是用邮的群众："高山雪地，路不好走，我的邮车我最熟悉，怕别人开不惯、开不好，耽误邮件、包裹运递。"誓言如天，承诺如山。"时代楷模"其美多吉说："身份变了、荣誉多了，责任更大了、动力更足了。雪线邮路，是我一生的路。"

雪线邮路通天边，邮政使命达天下。在全国总长度逾 938 万公里的邮路上，千千万万邮政人像其美多吉一样辛勤工作着，默默奉献着。他们就是习近平总书记所称赞的"美好生活的创造者、守护者"。他们

平凡而又不平凡，普通而又不普通。他们不叫其美多
吉，他们又都是其美多吉。

（原载《求是》2019 年第 4 期）

第一章　信仰如炬

生命筑就的生命线

蜀道难，难于上青天。

川西高原，海拔峻高，群山连绵，沟壑纵横，堪比天险。

川藏线

（周兵／摄）

川藏线建于川西高原之上，为川藏公路（始称"康藏公路"，由当时的西康省会雅安至西藏拉萨，后西康撤省，康藏公路改叫"川藏公路"）的简称，是连通成都与拉萨之间的第一条公路。

川藏公路修通之前，千百年来，中国西南部各民族的经济、文化交往枢纽就是逶迤在横断山区和西藏高原的崇山峻岭之间，一条世界上地势最高、路况最为险峻的交通驿道——茶马古道。

1950年，为了解放西藏，中国人民解放军"一面进军，一面修路"。是年2月，10万筑路大军挺进雪域高原，战顽石、斗风雪，披荆斩棘，劈山治水。而横亘在他们面前的，是14座终年积雪的雪山和无比艰险恶劣的自然环境。

机械施展不开，一切只能靠人工，用铁锤、钢钎、铁锹和镐头劈开悬崖峭壁，降服险川大河。

时任原18军文工团干事李俊琛后来回忆说："前一天修的路，第二天就没有了——山倒了！前一天蹚过的河，第二天就没有了——变成堰塞湖了！"

时任川藏公路西线四工段指挥长吴晨，曾这样描述当年筑路的惨烈："一个排的战士，拴上绳子坠到半山腰的一块巨石上打炮眼。忽然一块巨石从山顶滚落，整个排的战士，连着那块巨石直接滚到帕龙江里了。"

据统计，川藏公路施工第一年，逾 2000 名战士和民工为此献出生命——365 天中，牺牲人数最少的一天是 5 人。其中，仅雀儿山一个山头就牺牲了300 人。

原 18 军当年就有 2000 多名官兵牺牲在这条路上。川藏线上，累计长眠着 3000 多名解放军官兵的英魂，相当于公路每向前推进 1 公里，就有 1.5 名官兵牺牲。

为有牺牲多壮志，敢教日月换新天。

1954 年 12 月 25 日，川藏公路开通，317、318国道被中国国家地理誉为"中国的景观大道"。

可以想象，如果没有川藏线，神奇的光线、无垠的草原、弯弯的小溪、金黄的柏杨，山峦连绵起伏，藏寨散落其间，牛羊悠然地吃草……川西高原的无边风景，就永远只能"深藏闺中"，不为更多外人所知。

而作为祖国内地进出西藏的五条重要通道之一，川藏线成为联系祖国内地与西藏地区的交通枢纽，在军事、政治、经济、文化上有着不可替代的作用和地位。

毫不夸张地说，川藏线，是万千军民用生命筑就的一条名副其实的生命线。

追着汽车跑的孩子

"格桑花又开，不变的期待，在山水间有对你无瑕的爱。你留下的故事不染岁月的尘埃，一朵花一份情把深情汇成海。"美丽的藏族歌手扎西措的歌声一路流淌。

雄美的康巴草原，孕育雄壮的康巴汉子。

其美多吉出生在四川省甘孜藏族自治州德格县龚垭乡，从小在川藏线边上长大。

德格县位于甘孜州西北部，地处川、青、藏三省区接合部，是西进西藏、北入青海的重要交通枢纽，国道317线和省道217线横贯全境，素有"康巴文化中心""格萨尔王故里""南派藏医药发祥地"之称。

康巴亦称"康区"或"康巴地区"，这里人杰地灵，山川秀丽。嵯峨峭拔的冰山雪岭，奔涌腾跃的急流大川，澄澈湛蓝的高原湖泊，牛羊遍布的绿色草原……

邮车行驶在川藏线上
（周兵／摄）

无不令人耳目一新、心胸坦荡、神往流连。

1954 年 12 月 25 日，随着川藏公路的开通，两辆崭新的邮政汽车满载着祖国内地发往西藏的上万件邮件，从成都直抵拉萨，由此揭开了川藏干线汽车邮路的历史。

弹指一挥间，65 年过去。这条沟通西藏与祖国内地联系的邮路，依然是中国邮政通信的主动脉，也是目前全国唯一不通火车的一级干线邮路——65 年从未间断。

川藏线开通 9 年后，其美多吉出生在康巴草原。体会不到川藏线修筑的艰难，却能感受到川藏线开通带来的惊喜。

其美多吉说："小时候，家门口的公路上，长年车轮滚滚、喇叭声声。但别的车辆很少，最多的就是绿色的军车和邮车。一看到这些车辆，乡亲们就站在路边不停地挥手。"

那时的其美多吉，总爱与小伙伴们在公路上追着来往的车辆跑："特别喜欢汽车。听着汽车的马达轰鸣声、闻着车后飘散的汽油味，感觉特别享受。"

害怕出危险，阿爸阿妈一边唤回其美多吉，一边指着过往的车辆对他说："那是藏族人民的大救星、恩人共产党派来的车队，专门往藏区运送物资的。"

军车和邮车的一抹绿色，从此在其美多吉心里扎下了根。

他认定，那是一种神圣的颜色，代表着美好、代表着希望、代表着未来："从内心深处，就羡慕得不得了。觉得将来如果能开上那样的车，真是一件了不得的事情。该有多光荣、多神气啊。"

1989 年 10 月，26 岁的其美多吉终于如愿以偿，开上梦寐以求的邮车。

2017 年 11 月 7 日，其美多吉在自己的入党申请书中，深情地写下了当上邮车驾驶员之后无以言表的激动心情和自己身上沉甸甸的责任："参加工作开上邮车的时候我非常兴奋，也很珍惜这份工作。我开

当年其美多吉和他的邮车
（周兵/摄）

的邮车拉的是邮件，有党报党刊、老百姓的书信和包裹，这是藏区与外界交流联系的桥梁，传递的是党和政府的声音与亲人的信息。我觉得这就是一份神圣的工作。"

紧握方向盘的汉子

其美多吉家境贫寒。家里有8姊妹，作为家中长子，他初中没上完，就辍学回家务农。

虽然每天辛苦劳作，但汽车梦、驾驶梦始终在其美多吉脑海中盘旋萦绕、挥之不去。

18岁那年，其美多吉花1元钱买来一本《汽车修理与构造》开始自学。他坚信：只要自己坚持梦想，不懈努力，终有一天能握上方向盘，"开上那种绿色的车"。

　　靠着一本书，文化水平不高的其美多吉不断琢磨，不仅学会了修车，还考取了驾照，驾驶技术在当时的德格县甚至小有名气。

　　机会，总是垂青有准备的人。1989 年 10 月，德格县邮电局购买了第一辆邮车，在全县公开招聘驾驶员。

　　虽然报名的人很多，但其美多吉凭借自己过硬的驾驶和修理技术，从众多应聘者中脱颖而出，开上了该县唯一的邮车，实现了自己多年来的梦想。

　　登上驾驶室，紧握方向盘。其美多吉知道邮车意味着什么，"拉的是邮件、党报党刊，代表着党和政府，是藏区百姓的希望。我很自豪也很骄傲，一个藏区穷苦人家的孩子，能为党工作"。

　　方向盘一握 30 年，心心念念舍不得。

　　其美多吉爱邮车，甚至把它当成自己的"第二个爱人"，每天精心呵护、仔细擦拭、认真检修，一条线路、一个螺丝都不放过，车内也收拾得整洁有序甚至一尘不染。出车之前如此，收车回来还是如此。有人对他不理解，连妻子泽仁曲西都不止一次假装醋意开玩笑说："你对邮车比对我还好。"每每这时，他总是呵呵一笑："谁愿意让自己的爱人成天蓬头垢面呢？"

同事切热，特别理解其美多吉："经常有不懂的人会说，车就是些铁块，哪有什么感情？不是这样的，我们和邮车是有感情的，还不是一般地深厚。"

其美多吉的小儿子扎西泽翁也说："阿爸每次坐进驾驶室，都好像登上舞台一般神气。"

扎西泽翁也是其美多吉的同事，在甘孜县邮政分公司从事邮运调度工作。他的阿爸，不仅是他的同事，更是他心中的英雄。

"小时候，我们家住在德格县，阿爸在邮电局开车，一出车就是半个多月不回家，家里就阿妈带着我和哥哥。阿爸虽然经常不在家，但每次回来，都给我们带德格买不到的蛋糕，有时还会带玩具汽车。"扎西泽翁说："那时，看到别人家的孩子做什么都有爸爸陪着，我特别羡慕。有的小伙伴会问我，你阿爸是做什么的？怎么老不在家？我总是很自豪地说：我阿爸很了不起，他是开邮车的！"

扎西泽翁说，后来，阿爸工作调动了，他们家也从德格搬到了甘孜县。阿爸开的邮车更大了，但跑的邮路也更远了。每次看到阿爸开着绿色的大邮车像风一样来去，觉得他很威风，但不知道他的辛苦。"直到我上高一那年，大年三十，我们一家人回德格过年。那天，阿爸正好到德格出班，开着邮车，二叔开着他的货车，载着我和堂弟。"扎西泽翁回忆说，下午 4 点多，过了雀儿山四道班，邮车就抛锚了。那天雪下得特别大，车还没修好，轮胎就被大雪掩埋起来了。阿爸怕我和堂弟冻着，让我们待在车里，他和二叔在外面，一个用铁锹铲雪，一个直接用手刨，好不容易把车修好，前前后后干了十多个小时。直到第二天早上 5 点多，邮车才从雪堆里爬了出来，阿爸和二叔也成了两个"雪人"。

扎西泽翁依然记得，那天夜里，有一辆客车也在不远处抛锚了，车里的乘客没东西吃，阿爸把带的年货分给了他们。就这样，在零下 30 多摄氏度、海拔 5000 多米的雀儿山上，所有人度过了一个特别的除夕。

"我这才体会到，原来开邮车完全不是我想象的那样。这种情况，对雪线邮路驾驶员来说，都是家常便饭，而这些经历，阿爸从来不跟我们讲。"每每回

战罢艰险，驾上邮车又出发
（周兵／摄）

忆起那个难忘的除夕夜，扎西泽翁就会哽咽不已。

　　纵然脚下沟壑丛生，心中仍有万丈长虹。在其美多吉看来，邮路就是自己的江湖，邮车就是自己的舞台。只不过，他是在为党的事业和藏区群众仗剑而行、驰骋万里。有了这份使命和担当，这些沟沟壑壑，这些雨雪风霜，他都要迈过去，也一定会迈过去。

　　邮路一走 30 年，方向盘一握 30 年，从帅气俊朗的康巴小伙到满脸沧桑的中年大叔，时光流转，岁月变迁，其美多吉初心不改、无怨无悔。

钟情川藏线的赤子

　　2017 年 10 月 18 日，习近平总书记在党的十九大上向全党同志发出号召："一定要永远与人民同呼吸、共命运、心连心，永远把人民对美好生活的向往作为奋斗目标。"

习近平总书记的话像一场春雨，激活了他深埋在心中的那颗种子——加入中国共产党。他写入党申请书时，改了又删，删了又改，最后用朴素的语言表达了他渴望入党的愿望，郑重地把入党申请书交给党支部。

经过近一年的考察，党支部批准其美多吉成为一名预备党员。那颗种子开始发芽、茁壮成长……

这些年，其美多吉获得过很多荣誉：入选由交通运输部和中华全国总工会组织评选的"2016年感动交通十大年度人物"、荣登由中央文明办发布的"中国好人榜"、被中宣部授予"时代楷模"称号、当选"2018年度感动中国人物"……

作为基层一线职工的杰出代表，其美多吉以其先进事迹有力弘扬了爱国奉献精神，展现了新时代奋斗者努力奔跑、追梦圆满的良好风貌，成为行业奋斗者的一面旗帜。不仅如此，他的感人事迹在神州华夏引起强烈反响。他们纷纷以各种方式抒发对英雄的礼赞——他们感动于其美多吉的忠诚之心、为民之行、奉献之举，更感动于身边同其美多吉一样在各自岗位上默默奉献的普通人的坚守与乐观。

四川省甘孜藏族自治州邮政管理局仲崇辉感动得热泪盈眶。她说，"他"是一群影像——

其美多吉的事我们早已耳熟能详，他开的车时常从身边经过，他走的路我们时常穿越，他就是我们熟悉的多吉大哥。但当熟悉的人走上以"中国·北京"为背景的屏幕，身边的事一件件由不同的角度缓缓讲述，越是熟悉，反而越一次次拨动心弦。当再一次装作若无其事抬手碰掉滑落下巴的泪水，眼角的余光里身边一位位甘孜邮政人也在不断轻拭泪目，我才知道，触动的，不止我一个。

漫山茫茫的风雪，路边席地的三餐，悬崖边行车的心惊胆战，出发时亲人的祝祷祈盼……每一幕都是那么熟悉，熟悉到我们日夜经历；每一句都直触心底，讲的是他，也是我们自己。

有人跟他说："多吉，你们不是在开车，你们是在玩命！"是的，在这里工作的每一个人，时刻在玩命。高海拔的缺氧、负重、困苦，没有难倒一个个高原人，因为造物主总是仁爱，天高云朗、草原天路，原始的自然风貌也完美地保留了这里的人们原始的善良淳朴，和对世间一切美好的感恩之心。

有人问，这么苦这么难，你们为什么还要继续在这里，而且一坚持就是几十年，甚至是祖祖辈辈？这让我想起艾青那首著名的诗《我爱这土地》——

假如我是一只鸟，

我也应该用嘶哑的喉咙歌唱：

这被暴风雨所打击着的土地，

这永远汹涌着我们的悲愤的河流，

这无止息地吹刮着的激怒的风，

和那来自林间的无比温柔的黎明……

——然后我死了，

连羽毛也腐烂在土地里面。

为什么我的眼里常含泪水？

因为我对这土地爱得深沉……

然后我才知道，其美多吉，他是一个人，也是一群人，是每一个扎根自己的热土并为之坚守奋斗的人，也是每一个常含泪水因为心怀热爱的人。

邮政职工马彩虹感慨之余更有深思，其美多吉的事迹让她更加坚信"时光不负有心人"——

开邮车的工作是平凡的，也是艰辛的，更是寂寞的、孤独的，但是其美多吉却把根扎在"雪线邮路"上，为中国邮政普遍服务接力。为了孩子们的高考录取通知书、党报党刊，为了乡亲们的期盼和希望，为了内心的那份坚守，他放弃了和家人团聚的时光，放弃了舒适安逸的生活。

普通人在那样恶劣的工作环境下坚持一天，一周，一个月，就很不容易了，而他坚持了30年！

或许有人会说，他现在是被人们"看见"了，所以很值得。但是其美多吉在做这些看似平凡的事情时，并没有想着被人们"看见"，他只是默默无闻地付出，不断精进自己开车的技术，不断为需要的人提供帮助，用实际行动践行着"人民邮政为人民"的初心和使命，正是日复一日地用心做、坚持做，才有了今天的被认可，才有了今天的成就和荣誉。

偶然间得知非洲尖毛草的生长过程，与其美多吉的坚守有些相似。在最初生长的半年时间里，尖毛草只有一寸高，一旦雨水来临，三五天的时间它便能长到两米高，被称为"草地之王"。在前面的半年里，从外表看尖毛草没有生长，其实它是将根深深地扎在土壤里。做人做事亦是如此，不要担心此时此刻的付出得不到回报而放弃，这些付出都是为了扎根、打基础，等到时机成熟，便会登上别人遥不可及的巅峰！

其美多吉给了我对待工作、对待理想的启示：努力付出并坚信，星光不问赶路人，时光不负有心人。

邮政职工马思瑶曾与其美多吉有过面对面的近距离接触，但对其美多吉最深的印象，却还是视频里那个一边驾驶着邮车在冰天雪地里颠簸，一边如履平地哼着藏族歌谣的样子。那略带磁性的歌声在广袤的雪山间飘荡，那满面春风的盈盈笑意，就仿佛这样辛苦的工作是一种享受。马思瑶最终明白了，其美多吉的"伟大源于热爱"——

起初我很震惊，无法理解这种为了单位、为了事业甘于牺牲奉献的人，竟然不是迫于生活或是名誉压力在故作坚强地支撑自己，而是发自内心的乐意。直到我联想到同样在邮政基层辛苦工作的劳模父亲，联想到他每每想出一个改造电路的好点子，就迫不及待地拿出电焊烙铁的样子，才恍然大悟——原来他们所做的工作对他们而言真是一种享受。旁人眼里英雄般伟大的牺牲，在他们看来，满满的都是爱。

其美多吉的伟大，源于他对驾驶岗位的热爱。其美多吉在"雪线邮路"先进事迹报告会上说，他小时候很少见到汽车，能见到的只有绿色的军车和邮车，因此，从小就爱汽车。正是这份爱，成为最原始、最简单的动力，驱动他18岁就自学《汽车修理与构造》，并如愿当上了驾驶员，成了县里小有名气的人。

其美多吉的伟大，源于他对邮政事业的热爱。会开汽车的其美多吉是快乐的，而开上邮车的其美多吉更是快乐的。他站在讲台上说起自己当年被选中开上了德格县唯一的邮车时是那样的自豪。正是由于这份热爱，在开上邮车的30年间，他路过冰雪覆盖的荒山，遇见天昏地暗的"风搅雪"，他都坚持下来了。有人欣羡他的歌唱才华，鼓励他走出深山开启演艺生涯，但他拒绝了；面对"你不是在开车，而是在玩命"的警告，其美多吉却只是淡淡一笑，他更关心的是邮车和邮件的安全。

其美多吉的伟大，源于他对人民群众的热爱。在电商还未兴盛时，他驾驶的邮车上那一封封远道而来的家书，承载着多少乡亲们对亲人的思念；而在电商兴起后，他的邮车又为川藏地区的经济发展与资源流通贡献着不可小觑的力量。其美多吉说，只要看到乡亲们收到邮件包裹时欣喜的笑容，他就觉得一切都是值得的。也正因此，他才能为了邮车和邮件，豁出命去直面凶残的歹徒。

其美多吉的伟大，归根结底都是源于他对生命的热爱。如果不是对生命的热爱，他不会从重伤中坚强康复，不会在几近残废的艰难时刻仍心心念念那满车的邮件和熟悉的邮路，不会几十年如一日地辛勤驾驶，不会与道班兄弟成为生死之交，更不会热心救助萍水相逢的遇困车辆。唯有对生命的热爱，才能够促使一个曾与死亡擦肩而过的人无所畏惧地将生命之火继续传递。

伟大源于热爱，其美多吉感染我们的不是他有多么伟大，而是他内心的那份热爱，是爱让他在一场又一场的"劫难"中找到了生命的真谛与意义。

　　在湖北省襄阳市邮政管理局鲁金涛看来，其美多吉认真负责的工作态度和精益求精的自我追求，无不深刻诠释着"雪线邮路精神"和积极乐观的精神——

　　在我日常工作中，也接触到很多在自己平凡工作岗位上成绩突出的行业从业人员，他们有的是客服线上最受欢迎的接线员，有的是工作能力很突出的点部主管，有的是十多年派送零差评的投递员……但他们有一个共同点，他们和其美多吉一样，从来都不是一味埋头苦干的"苦行僧"，而是从工作中发现乐趣的"实干家"。

　　曾经采访湖北省襄阳市邮政分公司解放路投递站的时候，站长丁涛告诉我，35岁的李进攀是站里业绩最优异、心态最阳光的投递员。他所负责的投递区涵盖100多个小区和8个行政单位以及2所学校。他对段道里布局复杂的大街小巷了如指掌，他用无厘头的话自我调侃："工作嘛，开心最重要啦！这些线路布局看上去特别复杂，但是仔细看还真是很有意思，导航完全不奏效，还是双脚管用。时间久了哪条路上的蚂蚁我都认识了，家家户户都错不了。"

其美多吉的邮车常常作为头车，带领车队深入藏区，运送邮件、包裹
（周兵／摄）

作家龙应台女士在写给儿子安德烈的信中说道："对我最重要的，安德烈，不是你是否有成就，而是你是否快乐。当你的工作在你心目中有意义，你就有成就感。当你的工作给你时间，不剥夺你的生活，你就有尊严。成就感和尊严，给你快乐。"

我想这同样适用于我们每个人——愿我们都能享受工作中的点滴快乐，在各自平凡的岗位中，为集体绽放自己的光芒。

……

感动在继续，影响在继续。

其美多吉也被感动了。不同的是，他感动于大家对他的认可和肯定，感动于无数个和他一样坚持梦想、坚守岗位、坚定信念的邮政业一线从业者的宝贵初心。

　　每次颁奖仪式结束，其美多吉都第一时间往机场赶，尽早返回四川、返回甘孜，他想念高原的邮路、惦记自己的邮车、牵挂用邮的群众，"高山雪地，路不好走，我的邮车我最熟悉，怕别人开不惯、开不好，耽误邮件、包裹运递。"

第二章　征途如虹

敢闯"鬼门关"

其美多吉30年坚守的邮路，从甘孜藏族自治州州府康定出发，途经道孚、炉霍、甘孜三县，最后抵达德格县，往返1208公里，沿途平均海拔3500余米。

康定，情歌的故乡，是内地通向高原藏区的第一门户；德格，格桑尔王的故乡及南派藏药发祥地，国家一级邮运干线川藏邮路四川段的终点站。

从康定出发，起步就翻折多山，公路蜿蜒盘旋向山顶，海拔一路由2500余米升至近5000米。

折多山是川藏线上第一个需要翻越的高山垭口，有"康巴第一关"之称，最高峰海拔4962米，垭口海拔4298米。

"折多"在藏语中为"弯曲"的意思。折多山的盘山公路远远超出了想象中的九曲十八弯，来回盘绕，一弯连一弯。当地人说："吓死人的二郎山，翻死人的折多山。"

雀儿山也不得不提。雀儿山号称"川藏第一险""川藏第一高"，藏语意为"雄鹰飞不过的地方"，

《雪域信使 高原路标》
（来源：四川邮政微信公众号《雪域信使 高原路标l看四川卫视怎么报道其美多吉》）

其美多吉驾驶的邮车
驶过 5050 米的雀儿山垭口
（周兵／摄）

最高峰海拔 6168 米，公路垭口海拔 5050 米，是甘孜通向德格必闯的险关。在当地，一直有着"爬上雀儿山，鞭子打着天"的说法。

雀儿山险多。317 国道进入雀儿山，柏油路就中断了，上山下山全是土路；翻过雀儿山，柏油路才会重新出现。

因为海拔高，雀儿山上"风吹石头跑，四季不长草；一步三喘气，夏天穿棉袄"。在这个"生命禁区"，一般人刚到雀儿山山腰便会出现头晕脑胀、恶心反胃、全身无力等高原反应。无法想象，其美多吉和雪线邮路上的兄弟们是怎么几十年如一日在这里顽强地战斗。

"翻越雀儿山，犹闯鬼门关。"雀儿山公路修建在悬崖上，一年超过 2/3 的时间被冰雪覆盖，路窄、雪厚、弯急，最窄处不足 4 米，仅容一辆大车缓慢通行。每一次换挡加速转向，都是在与死神博弈，稍不留神就会掉下百丈悬崖。

邮车驾驶员最怕雀儿山的冬天。路上一层冰，冰上一层雪，邮车装上防滑链也避免不了打滑"漂移"。

邮车艰难前行

（周兵／摄）

他们都说，雀儿山的路冬季比夏季危险，夏季有暴雨、冰雹，但是肉眼看得见，可以预防，冬天就不同了，眼前、身后，目之所及都是雪。路面上是雪，厚厚的冰层就藏在雪下面，稍不留神车子就会打滑，如果滑下悬崖就是车毁人亡。

遇上风搅雪就更麻烦。风搅雪如同海上的龙卷风、沙漠的沙尘暴，狂风卷起地面积雪，横冲直撞。雪里还夹着冰碴，打在车上噼里啪啦，漆一块一块地掉；打在脸上就更惨，掉皮破口在所难免。风搅雪过后，雪胡乱堆积，道路根本无法辨认。

冬天邮运员们最不愿碰见的就是风搅雪和雪崩。风搅雪的时候，也许前面一辆车5分钟前顺利通过，后一辆车却无法通行，一等可能就是一两天。

而雪崩时，雪球突然从山上滚下来，越滚越大，几十吨重的车子也会被瞬间推下悬崖，他们只有边开车边仔细观察，发现紧急情况就迅速找个安全的地方停车，躲避危险。

不只是折多山、雀儿山，还有橡皮山、松林口、罗锅梁子……从康定到德格，沿途大大小小的山，总共17座，海拔均在4000米以上。

翻越茫茫雪山

（周兵／摄）

　　鬼招手、燕子窝、老虎嘴、石门坎、磨子弯、长陡坡……一个个地名带着凶险，随时可能吞噬生命。

　　据统计，仅1995—2003年，雀儿山路段就发生了371起交通事故，死亡人数高达68人。

　　坐过其美多吉的邮车、走过这条邮路的人，事后都心有余悸地对他说："多吉，你们不是在开车，而是在玩命！"

　　但其美多吉不以为然："山再多、路再险，没有邮车翻越不了、征服不了的。"

　　雀儿山隧道开通前，其美多吉开着邮车每个月至少要翻越雀儿山20次，似家常便饭，也习以为常。他笑言："开车走这条路，就像走在回家的路上。"

随车带着宝

长年奔走雪线邮路，其美多吉的邮车上常备着几件宝贝，他说："那些东西看似平常，但关键时候，就能救命。"

铁锹和钢钎。高原气候多变，大雪封山时间长，道路常常覆满冰雪。"有时候雪大，积雪一厚，根本辨不清路，必须下车铲雪，一米一米开路前行；天寒地冻，遇上水箱缺水，钢钎就能发挥作用，破冰取水。"其美多吉说。

防滑链。最多的时候，其美多吉的邮车上备有8条防滑链。高原气候多变，遇上雨天雪天，给邮车加装防滑链才能保证顺利闯过险关。

其美多吉说："在高原上行车，没有充分的准备不行。"有时候，山下晴空万里、艳阳高照，山上却是另一番景象：狂风怒号，大雪纷飞。

就拿折多山来说，头年9月开始降下初雪，来年3月春雪还频频光顾，雪期长达7个月之久。

"很多社会车辆，尤其是自驾旅游车辆，因为对

其美多吉给邮车轮胎
加挂防滑链

（周兵／摄）

川藏线沿途，尤其是折多山、雀儿山上的天气情况了
解不够、准备不足，经常开到半山腰就因为车辆打滑
趴窝了。前不着村，后不着店，真是叫天天不应、喊
地地不灵。最要命的是，趴窝车辆卡在半山腰，上不
去下不来，造成道路严重拥堵。"其美多吉说。

　　这时候，常备的防滑链就派上了大用场，除了给
邮车加挂，遇到别的车辆没有携带防滑链，其美多吉
总是二话不说，从车上拽下一条来："拿去用，挂上
就安全了。"

　　长年开邮车跑邮路，其美多吉把随车携带的汽油
喷灯称之为"火种"。遇到特殊情况，用喷灯作火源
生上一堆火，"既能取暖、烧水，还能防狼，作用大
着呢"。

邮车驾驶员上路之前，都要接受野外求生培训。其中，有这样一条规定：紧急情况下，除了邮件以外，什么都可以烧，包括邮车厢板和备胎。

干粮也是必备的。作为藏族人，其美多吉最钟情的是糌粑："好带，吃起来方便，有水就能吃。实在找不到水，抓一把雪含在嘴里，也能吃下去。"

后来，单位给邮车驾驶员配备了野战自热食品，其美多吉感觉幸福的不得了："自热食品比糌粑好多了，加点水等上一两分钟，就能吃上热乎乎的饭菜。"

其美多吉还知道一种野战自热食品的"特殊"加热方式，他笑称"秘不可宣"。方法是一个当过兵的朋友教给他的：实在没有水的情况下，往自热袋里撒一泡尿，自热效果一样。

还有两样东西，也是必不可少的：棉袄和棉被。其美多吉说："被困在山上的时候，没有棉袄、棉被，度不过寒冷孤寂的夜晚。"

2017 年 2 月 23 日，甘孜州邮政分公司为雪线邮路配发了一批新邮车，载重量更大、性能更加优越，最重要的是，"驾驶室后排有一个铺位"，其美多吉说，"再遇到被困的情况，可以在车里睡觉，不怕风

吹雨淋、冰雪严寒，也不怕野兽侵扰，人和车能始终
在一起"。

勇当"山大王"

被困山间，荒无人烟；白雪皑皑，孤立无援。常
人称之为"陷入绝境"，但其美多吉和同事们却笑称
这是当"山大王"。

其美多吉当过无数次"山大王"。2000 年 2 月，
他和同事顿珠驾驶邮车遭遇雪崩，被困山顶。寒风裹
着冰碴，刮在脸上像刀子一样，手脚被冻得没了知
觉，衣服冻成了冰块。两人又冷又饿，但不得不坚持
用加水桶和铁锹，一点一点铲雪开路。不到 1000 米
的路，走了整整两天两夜。

那年除夕，朔风怒吼，大雪纷飞。其美多吉驾驶
邮车行至一座山腰，眨眼的工夫前面耸起一座"小雪
山"——路不见了。他清楚，这是风在作祟。

新春佳节，路上连一辆车都没有，四周荒无人
烟，手机也没有信号。其美多吉不敢离开，只能陪着
邮车在山上"守岁"。

其美多吉下车取冰

（周兵／摄）

第二天，同事派车前来寻找彻夜未归的其美多吉，又叫来3个热心百姓，5个汉子花了整整4个小时，才用铁锹清理出一条勉强能让邮车通行的路。

说起当"山大王"，其美多吉总提到两个人：邹忠义和德呷。

邮车驾驶员邹忠义，在山上遇到风搅雪，邮车滑进了沟里。因为地处无人区，他背着机要邮袋，连走带爬步行了20多公里才找到救援，双手被严重冻伤。那辆邮车，直到第二年春雪融化，才从沟里被吊上来。

邮车驾驶员德呷，在山上被困过整整一个星期，创造了甘孜州邮车驾驶员当"山大王"时间最长的纪录。救援人员找到德呷时，他几乎已变成野人，很多同事都不敢认。

这些当过"山大王"的邮车驾驶员、押运员，无论经历多少艰难困苦都始终不忘自己的使命。每一车邮件中，都有一个特别的邮袋，袋子上有两根红色的竖条，里面装的是机要邮件。他们牢记并践行着"大件不离人，小件不离身"的机要邮件管理特别规定。

有过当"山大王"的经历后，其美多吉他们都"长

邮车在大雪中被堵在路上
（周兵/摄）

了心眼"："每次出车，物资尽量带得齐全一些、充足一些，仅干粮就要准备两三天的。"

"我们不想当'山大王'，但也不怕当'山大王'。"其美多吉说，"有过被困的教训之后，我们都有了再次被困的心理准备。即使当'山大王'，也要当一个衣食无忧、温饱富足的'山大王'"。

而当"山大王"也不仅仅只是受冻挨饿、孤单寂寞那么简单。因为被困的地方一般都在山腰或山顶，海拔高，高原反应强烈。

其美多吉说："被困时间一长，高原反应上来就胸闷、头晕头疼，明明特别想睡觉，却又不敢睡觉。因为眼睛闭上睡过去，就有可能再也醒不过来。"

不敢闭眼，就只能睁大眼睛，可眼前只有单调得让人发疯的白色，山里是白的，路也是白的。

"雪盲症，几乎是每一位川藏线上的邮车驾驶员都会落下的眼疾。"其美多吉说："所以每次出车，我们都会戴一副墨镜。不是为了耍帅装酷，真的是职业需要。"

"康巴汉子不怕痛"

2012年9月，其美多吉在邮路上遭遇歹徒袭击，身负重伤。经历过大大小小6次手术后，医生说："人能够活下来、保住命，已经是一个奇迹。"

亲自穿上藏袍跳一曲锅庄，是每一个康巴汉子无上的荣光。但是头部、背部、腿部的伤好后，其美多吉的左手和胳膊一直动不了。藏袍上的腰带，要靠别人帮忙才能系上；放在盘子里的一颗螺丝钉，两只手哆哆嗦嗦就是拿不起来。"连藏袍的腰带自己都系不上，我还是个男人吗？开不了邮车，我还能干什么？"其美多吉心里别提有多难过了，但他不愿认输，不甘心从此倒下，更不甘心就此离开心爱的邮车。

　　然而一切似乎都预示着自己要永远离开邮车、告别邮路。那时的其美多吉，既无助又绝望，1.85 米的康巴汉子哭得像个孩子。

　　那段时间，其美多吉很沮丧也很懊恼，成天闷闷不乐，常常无缘无故发脾气。他不相信也不甘心：一个开了 23 年邮车的老司机，一个一次次征服雀儿山的康巴汉子，就这样坐在轮椅上度过余生？

　　那段时间，其美多吉常让妻子泽仁曲西用轮椅推着他去逛汽车交易市场。看着各式各样的车辆，想象着摸着方向盘的手感，他的心里才能稍稍平静一些。其美多吉心情低落的时候，一直在他身边守护的泽仁曲西就耐心地一遍一遍地宽慰他，每天坚持为其美多吉按摩身体，帮助他恢复手臂和大腿功能。

　　那段时间，其美多吉最高兴的事情就是同事们来看他。因为跟同事们在一起，话题总是离不开邮车和邮路——那是他最关心的，也是最挂念的。

　　泽仁曲西带着其美多吉走遍了成都所有大医院和专科医院，但拿到的都是同样的诊断结果：肌腱重度粘连，康复几率几乎为零。这个坚强的康巴汉子在一次次希望和绝望中挣扎。而每次把他拉出绝望边缘的正是妻子泽仁曲西。坚强的泽仁曲西在丈夫出事后从没在他面前落过一滴泪。难受的时候，实在熬不住的时候，她就躲在卫生间大哭一场。哭过之后，她要和其美多吉一起面对，一起坚强。

为了缓解其美多吉的压力，让他放松身心，治疗期间，泽仁曲西会带着其美多吉去成都的大街小巷转转，顺便多方打听治疗方法。

就在快要彻底绝望的时候，其美多吉在成都一个巷子里遇到了一位老中医。他告诉其美多吉，要想恢复，必须把粘连的肌腱拉开，但这种破坏性的康复治疗会非常痛。能忍住痛，就有康复的希望，就看他能不能狠下这个心。

如同黑夜划过一道亮光，老中医的话，让其美多吉看到了希望。他难以抑制内心的激动，连声说道："我是康巴汉子，不怕痛！"

康复训练异常残酷。按照老中医的方法，其美多吉每天双手抓住门框，身体使劲向下坠，每次坚持一两个小时，痛得大汗淋漓、死去活来。

坚持锻炼2个多月后，奇迹终于出现：这个不怕痛的康巴汉子生生地把已经粘连的肌腱拉开了！他的

康复中的其美多吉
（周兵/摄）

手和胳膊，终于可以抬起来了！

家里突然停水，其美多吉和妻子去提水。两个容量7公斤的塑料桶装满水后，他试着居然提了起来！

那是其美多吉受伤之后，第一次提这么重的东西。他像个孩子一样兴奋地向前走了几步，却发现妻子没有跟上来。回头一看，妻子正怔怔地看着他不停地抹眼泪。那是其美多吉受伤后，妻子第一次在他面前落泪。那一刻，万千感慨涌上心头，坚强的其美多吉也禁不住泪如雨下……都说西藏每个美丽的姑娘都叫"卓玛"，在其美多吉心里，泽仁曲西就是他的卓玛，永远的卓玛。

"一双粗糙的大手，刻满人生酸甜苦辣，世上只有雪山崩塌，绝没有自己倒下的汉子，要是草原需要大山，站起的一定是你，憨憨的阿爸!"其美多吉的小儿子扎西泽翁最爱唱这首藏歌《憨憨的阿爸》。

"这首歌调子高，每次都唱不上去，但还是想声嘶力竭地吼出来。"扎西泽翁说。在他心里，阿爸其美多吉就是真正的汉子，是雪域高原上矗立不倒的山峰。

"与同事们相比，我很幸运"

大难不死，劫后余生。其美多吉总说自己"很幸运"。

其美多吉经常提起一个人：邱宇。只要提起他，其美多吉就会叹气惋惜，甚至双泪长流。

46 岁的邱宇，双目失明已 18 年。

2001 年 1 月 13 日，邱宇押运邮车行至罗锅梁子时，遭遇持枪歹徒埋伏袭击，头部中弹导致双目失明。美丽的世界，彻底在眼前消失。出事时，邱宇28 岁，结婚才 7 个月。

事发时已是傍晚时分，暮色低垂，四周沉寂。邮车在一个转弯处被路中的一排人为堆砌的路障拦停，车还没有停稳，枪声就响起来了，埋伏在山坡上的4名歹徒向邮车开火了。坐在副驾驶座上的邱宇头部被枪击中，鲜血顺着脸颊流下来，染红了他怀中紧紧抱着的机要邮袋。他本能地用手捂住脑袋，却摸到了被子弹击中的血淋淋的眼球。他迅速将沾满鲜血的机要邮袋藏好，与驾驶员跳下驾驶室，守护着邮车，不让歹徒靠近邮车和邮件，歹徒抢光了他们随身携带的财物后只好匆匆离去。在邱宇和同事的守护下，一整车邮件毫发无损。

10天后，从病床上苏醒过来的邱宇问的第一句话是："邮车咋样了，邮件还在吗？"听了他的话，守在一旁的亲人和同事眼泪再也止不住。邱宇不知道，在他昏迷的时候，医生已经为他做了左眼球摘除和弹片取出手术，而右眼的弹片因为紧邻大脑，至今也未取出，视力也越来越模糊。他自此失明，再也看不到雪山的模样，再也看不到亲人的脸庞。

万树茂、唐健、肖良……这些邮车驾驶员、押运员，都曾在邮路上遭遇过歹徒袭击、抢劫，有的还不止一次，不是个人财物被洗劫一空，就是身负重伤。

邮车驾驶员意咖，长年在高原邮路上奔波，身体每况愈下。2003 年，56 岁、退休仅 1 年的意咖因病与世长辞。

邮车驾驶员冲多吉，带病坚持跑邮路，后经领导开会研究，强行将他送到医院检查。诊断结果让所有人大吃一惊：肝癌晚期。仅仅 11 天后，47 岁的冲多吉永远离开了人世。

1997 年，时任甘孜州邮电局邮政科副科长的吕幸福，出差途经雀儿山，因感冒引发高原性肺气肿，将 36 岁的年轻生命留在了雀儿山上。

其美多吉说："与同事们相比，我很幸运。"

其实，其美多吉并不比同事们幸运。那次遭袭之前，他还经历过一次人生的重大打击。

其美多吉的大儿子白玛翁加，无论身高、体型，还是长相、性格，都跟父亲很像，也在甘孜县邮政分公司上班。

熟悉父子俩的人都说："白玛翁加简直就是其美多吉的翻版。"

2011 年 7 月 17 日，白玛翁加突发心肌梗塞去世，年仅 26 岁。其时，他正准备结婚，一家人已经开始为他布置婚房。

白玛翁加去世那天，其美多吉正在出班邮路上。接到消息，他连夜赶了300多公里路，还是没能见到大儿子最后一面。

中年丧子，让其美多吉一夜之间苍老了许多。在妻子泽仁曲西眼里，发生这一变故后，其美多吉变了，再也不是当年那个开朗帅气、能歌善舞的"小亚

邮车行驶在雪域高原的茫茫冰雪路上
（周兵/摄）

东"（歌手亚东是其美多吉儿时的玩伴，两人一起开
过大货车）了。但这位坚强的汉子，在处理完大儿子
的后事后，又开着邮车驶上了邮路。

8 年过去了。伤痛，其实一直留在其美多吉
心里。

扎西泽翁说，每次想起哥哥，阿爸还是会大哭一
场。但哭过之后，擦干眼泪，洗一把脸，照样上班
出车。

"我们都还活着"

邮车的驾驶员每次出车前，家人都会为他们准
备几沓纸制的龙达。其美多吉的妻子泽仁曲西也不
例外。

龙达是藏传佛教祭祀神灵的主要用品之一，上面
印有"六字真言"或"八字真经"等秘咒，顺风播撒，
祈求平安、吉祥。

每次抵达雀儿山垭口，其美多吉都会停车下来，
虔诚地一边将龙达用力撒向空中，一边高喊："哈索，
哈索（藏语：祭神的意思)！"

在神秘而又沧桑的川西高原，朴素的藏族同胞都相信神灵的存在。

甘孜县邮政分公司的一辆邮车遇到过一次特别奇怪的险情：一块和车厢一样大小的石头从山上落下来，刚好掉到了车厢里，驾驶室竟然毫发无损。驾驶员把石头拉回来，但石头卡得太死，怎么也搬不下来，最后只好用了三天的时间一点一点把石头砸碎。

在藏区有一种说法，石头不会砸做了好事的人。泽仁曲西对此亦深信不疑，她相信是神灵一直保佑着其美多吉，保佑着自己的丈夫，让他一次次征服大山、征服风雪、征服伤痛，逢凶化吉，平安归来。

其美多吉也遵从妻子的意愿，因为这是藏族人民世代相传的习俗，是邮车驾驶员祈求平安的方式。在他心里，随风飞舞的龙达，献给神灵，献给牺牲在川藏线上的筑路官兵，献给在邮路上一同出生入死的同事和兄弟：意咖、冲多吉、吕幸福……

雀儿山隧道开通后，邮车通过仅需 12 分钟。

尽管邮车不再翻越蜿蜒崎岖、险象环生的雀儿山，降低了驾驶风险、加快了传邮速度，但川藏线依然危险，而其美多吉和邮车师傅们，还要在这条邮路

雀儿山隧道开通，其美
多吉驾驶邮车作为头车
通过

（周兵／摄）

上继续跑下去。再高的山上，都有邮政服务；再难的
路上，也有邮车前行。

但对其美多吉来说，离开雀儿山，内心充斥着
不舍与感慨：“虽然雀儿山险峻，但我们对它只有爱，
没有恨。这段山路上，故事太多，感触太深。”

好钢需经千回炼。在其美多吉看来，正是这一路
奇峻的山、凶险的坎、狂舞的风、肆虐的雪，练就了
他们的“金刚不坏之身”。

“过硬的驾驶技术、坚强的意志心理，都是在这
条路上练出来的。”其美多吉说，“经历过那么多的艰
辛磨难、生死考验，活着就是最大的胜利。而且我们
更要活出精神、活出意义来。我坚信，以后没有任何
困难能打倒我们、打倒邮车驾驶员”。

第三章　使命如山

"传递党和政府的声音"

甘孜藏族自治州位于四川省西部、青藏高原东南，是新中国设立的第一个少数民族自治州，面积15.3 万平方公里，人口 141 万，藏族占 81.5%。

甘孜州邮政分公司是四川邮政人均服务面积最大的市州，人均服务面积达 234 平方公里。

其美多吉驾驶的邮车行驶在四川省甘孜州藏区道路上

（周兵/摄）

雪线邮路通天边，邮政使命达天下。

川藏邮路开通 65 年来，已经成为沟通西藏与内地联系的邮政通信主动脉。

春去秋来，风刀雪剑。雪线邮路全年无休，将来自党中央的声音、四面八方的邮件送往雪域高原的角角落落。

四川藏区一位乡长说，邮递员是党和政府的代表，藏民 1 个月看不见他们，就会说"党和政府不管我们了"。

其美多吉深知自己虽然岗位平凡，但责任在肩、使命如山："邮政承担着通政的职能，通过党报党刊向藏区群众传递党的声音、温暖和关怀，怠慢不得。"他还说："每当老百姓看到邮车和我，就知道党和国家时刻关心着这里。我们每一颗螺丝钉都是在为藏区安定团结作贡献，我热爱我的工作。"

一份份报刊、一封封信件、一个个包裹，连接起世界。

绿色的邮车行驶在邮路上，路边的藏族群众看到后都会兴奋地挥手致意；穿着绿色邮政制服走在大街上，认识的、不认识的人都会热情地打招呼问好——

2018 年 9 月 13 日，其美
多吉邮车上的邮件

（董道飞／摄）

这是其美多吉觉得最骄傲和自豪的事情。

"老百姓看重的，其实不是我的车和我这个人，
而是对中国邮政的崇敬，对党和政府的感恩。"其美
多吉说，"邮车每天驶过，老百姓就吃下了定心丸，
知道党和政府一直牵挂着藏区人民、关心着藏区建设
发展。"

每天一大早，不管是赶着牦牛去阿须草原放牧的
藏族阿妈，还是拂晓就上路拉练的中国军人，他们看
到路上驶来的第一辆车肯定是绿色的邮车——那是中
国邮政普遍服务 65 年的执着坚守，也是其美多吉不

辱使命 30 年的铿锵步伐。

直到现在，四川藏区一些偏远的邮政网点，全年营业收入不足百元。但为了藏区百姓的便利，为了将党和政府的声音传遍藏区、传到每位藏族同胞的心坎上，许许多多像其美多吉一样的邮政人，义无反顾地坚守着，无怨无悔。

许多藏族阿妈不识字，但她们知道：邮车的颜色和春天草原的颜色一样，代表着生机和希望；"中国邮政"四个字的颜色和身后雪山的颜色一样，代表着崇高与圣洁。

"要什么冲我来！"

人在，车在，邮件在。这是包括其美多吉在内的所有邮车驾驶员恪守的"第一天条"。"30 年前入职的时候，这句话就烙在了心里。"其美多吉说。

2012 年 9 月 4 日晚，其美多吉驾驶邮车途经雅安市天全县境内，行至一处陡坡车速减慢时，路边突然冒出 12 个人，挥舞着砍刀、铁棍、电警棍等凶器，将邮车团团围住。

歹徒们上来就猛砸车门，疯狂地往车上爬。

每一车邮件中，除了党报党刊、包裹、信件，还有一个特殊的邮袋，上面有两根红色的竖条，里面装着机要邮件。

"大件不离人，小件不离身。"这是对机要邮件管理的严格规定，其美多吉知道，"机要邮件比我的命还重要"。

危急关头其美多吉挺身而出，毅然挡在邮车前面："车上都是邮件，不值钱。要什么冲我来！不准砸邮车！"

歹徒疯狂扑来，刀、棍、拳头如雨点般落下……

顷刻间，其美多吉倒在血泊之中……

那一天，其美多吉身中17刀，肋骨被打断4根，左脚骨折，胳膊和手上的筋被砍断，头上被打出一个大窟窿……从县医院迅速转到成都现代医院，手术进行了整整8个小时。

那一次，其美多吉在重症监护室里躺了7天，又在住院部住了半年。至今，他的头上还有一块钛合金头骨，右脸残留着一道7厘米长的刀疤。

让其美多吉感到欣慰的是，他用生命保护的邮

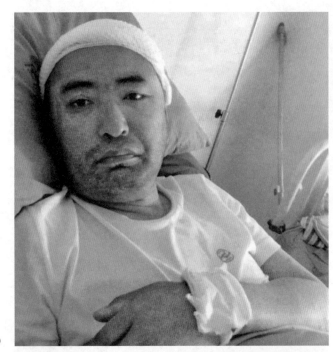

其美多吉身受重伤

（周兵／摄）

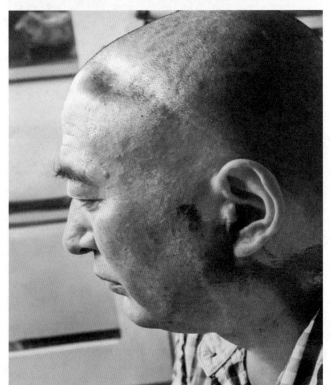

遇袭后，其美多吉头骨凹陷

（周兵／摄）

件后来全部被追回。他曾私下里对妻子泽仁曲西说：
"如果邮件追不回来，即使把我救活了，我也没脸在
邮政公司工作了。"

现在，其美多吉家的冰箱顶上长年放着一个白色
药箱，里头备有好几种止痛药，"天气一凉，钛合金
头骨就像一块冰盖在头上。晚上睡觉，必须戴着棉
帽，不然就疼得受不了"。

"阿爸受过重伤后，只要天气一变，就浑身疼
痛。"其美多吉的儿子扎西泽翁说，"所以家里总备着
止痛药，刚开始阿爸还按剂量吃，现在是怎么管用怎
么吃"。

大难不死，重回邮路。大家称赞其美多吉，就像
他藏文名字的意思"长寿金刚"一样，是一名真正的
"金刚"！

雪线邮路"父子兵"

2015 年 10 月，其美多吉的小儿子扎西泽翁正式
到甘孜县邮政分公司上班，与阿爸成为同事——雪线
邮路多出一对并肩战斗的"父子兵"。

为了不让阿妈泽仁曲西担心，扎西泽翁遵从她的意愿，"没有像阿爸一样去开邮车，而是从事投递工作"。

投递工作虽然没有开邮车那么高的风险，但非常辛苦，每天风里来雨里去，风吹日晒。有人给扎西泽翁出主意："你阿爸在公司时间长、认识的人多，在邮路上还差点丢过命。不如让你阿爸出面找找领导，换个轻松一点的岗位。"

扎西泽翁了解自己的阿爸，知道没有这个可能：一是自己说不出口；二是阿爸也绝对不会答应。

因为，扎西泽翁上班之前，其美多吉就告诫过他："工作大如天。自己的事情自己干，不懂可以来问我。作为公司的老人，我必须一碗水要端平，不会因为你是我儿子，就另眼相待。"

后来，扎西泽翁凭着自己的努力，被调到公司网运部，从事邮运调度工作。"调度邮车和驾驶员也在工作范围内，比如，哪个驾驶员今天开哪辆车、跑哪条路线。"说起自己的工作，扎西泽翁有些不好意思，"阿爸也归我调度"。

同事们跟其美多吉开玩笑："多吉哥，儿子管老

其美多吉与小儿子扎西泽翁
（周兵／摄）

子的感觉咋个样？"他哈哈大笑："好得很。儿子比我
有出息，你们说我高兴不高兴？"

其美多吉不止一次跟儿子交代："你刚参加工作
时，我没有因为你是我儿子就照顾你。现在也一样，
你不能因为我是你阿爸就照顾我。车辆和线路，该怎
么派就怎么派，不能让公司的人觉得不公平，瞧不起
咱们父子。"

这些年，扎西泽翁确实做到了其美多吉所说的
"一碗水端平"，因为他相信阿爸的驾驶技术，相信阿

爸对雪线邮路的熟悉程度，相信任何一辆邮车、任何一条线路都难不倒坚强伟岸的阿爸，"他是我心中的英雄"。

不过，扎西泽翁也会对其美多吉多一些关注："通过车载定位和监控系统，能清楚地看到车开到哪里了、阿爸的驾驶状态怎么样，让自己放心。我也会把情况告诉阿妈，让她在家里放心。"

从事邮运调度工作，扎西泽翁更深切地体会到邮运工作的不易，也更加深了他对阿爸的敬重。他说，这些年，看着阿爸一天天变老，两鬓也开始斑白，身体远不如前，他就特别希望时间能过得慢一点。"每当晚上回到家，阿爸受过伤的肩和背，就会特别痛。在他睡前，我会给他揉揉肩，用手掌把他的背搓得发热，他睡得才会好一点。"

"老百姓需要我们"

2017 年 2 月 23 日，其美多吉领到了公司配发的新邮车。这个长 9.6 米、宽 2.4 米、高 3.9 米，载重量达 12 吨的"大家伙"，让他格外兴奋："性能好是

其美多吉驾驶上新邮车

（周兵／摄）

一个方面，关键是能拉载更多邮件。"

跑了 30 年邮路，每天开关车厢、装载卸载，其美多吉对邮车载运空间的变化看得清清楚楚："邮件、包裹越来越多，眼看着一天一天、一点一点从最里面向车门口逼近。"

停运一天，堆积如山。这几乎是甘孜州邮政人的共同感受。其美多吉自豪地说："用邮需求在增大，说明老百姓很需要我们，我们的工作就很有意义。"

此言不虚。甘孜县邮政分公司总经理益灯登真举了一个例子：新龙县距离甘孜县 97 公里，以前发往新龙的邮车为三天一班，后来调整到两天一班，现在是一天一班，"频率高了，但邮件量并没有下降。许多快递企业的包裹，也通过邮政向县城和乡村一级转运"。

其美多吉在德格县交接点与西藏昌都开来的邮车交接邮件

（周兵／摄）

随着电商的发展，邮车上除了成百上千近万的报刊、信件，还满载着尺寸不一、形状各异的包裹，有四季衣物、书包文具、图书教辅、食品药品……

"每一个包裹都饱含着父母对儿女的牵挂、儿女对父母的孝心。"其美多吉说，"真的让人感觉肩上的责任沉甸甸的。"

每年七八月份，其美多吉的邮车上还载有一份份发往藏区的大学录取通知书。

一名投递员多年前讲过的一件事，对其美多吉触动很大：大学录取通知书发放的那几天，一家藏族老少天天来到邮政网点，询问录取通知书到没到？得到否定回答后，一家人默默离开，第二天再来询问。拿到录取通知书那天，一家人不仅向网点工作人员献上哈达，还在网点门口点燃了一挂长长的鞭炮。

"藏家出一个大学生不容易。一份大学录取通知书，将改变一个人的命运，承载一个家庭的未来。"其美多吉说，"我们要对一个孩子的十年寒窗负责，对一个家庭的含辛茹苦负责。平安送达，责任重大"。

"邮车开过去，财富跑进来"

藏区经济在发展，百姓生活渐富足，邮车使命在拓展。

随着党的富民政策日益深入，邮政设施不断完善、电子商务快速发展，藏区群众网购日益普及，邮政业双向流通主渠道作用逐渐凸显，来往藏区的包裹越来越多。"我虽然不懂网购，但看到群众拆包裹的样子，心里就高兴。"其美多吉说。

其美多吉的邮车里，以前以小件居多，现在大件也不少，彩电、冰箱、洗衣机等大宗电器，都往藏区送过。

"有的是藏民在家里网购的，有的是儿女在外地网购回来的。"其美多吉常常设身处地替群众着想，

其美多吉邮车上的大件
（董道飞／摄）

"藏区群众挣钱不容易。东西越贵重，我们的责任就越重大。既要送得快，还要送得好。不能让老百姓失望，更不能让他们来回换货折腾，或者蒙受经济损失。"

工业品下乡，农产品进城。以前，邮车运进来的东西多，运出去的东西少。"现在不一样了。"30年跑邮路，其美多吉对邮车上的变化感受最真切，"运进来的多，运出去的也多"。

川西高原，物华天宝。雅江的松茸、康定的藏药、理塘的虫草、巴塘的苹果、德格的羊肚菌、石渠的牦牛肉、稻城的藏香猪、乡城的青稞酒、得荣的皱皮柑、新龙的菜籽油……说起甘孜州各县市的藏区特产，其美多吉如数家珍。他笑着说："藏民家里的这些宝贝，并不是我都吃过，而是它们都上过我的邮车。"

这些藏乡特产，经过网上销售，从普通藏家出发，搭乘其美多吉他们的邮车，走下雪域高原，走出甘孜、走出四川，走向全国甚至全世界。

朴实的乡亲们说，藏家一年的主要收入就靠这些特产，有的还很值钱，但交给其美多吉他们，都很放心。甚至有藏民指着邮车自豪地说："邮车开过去，财富跑进来。扎西德勒！"

人民邮政为人民。雪线邮路，已经从一条民生的幸福路，升级为一条百姓的致富路。

虽然邮件量在增多，工作量在增大，但农牧民的信任与托付，让其美多吉十分开心："能为乡亲们脱贫致富尽一分责、出一分力，再苦再累都值得。"

第四章　情深如海

其美多吉领到了新邮车钥匙

（周兵／摄）

"我喜欢开邮车"

其美多吉喜欢开邮车。

新华社四川分社机动采访室主任、记者吴光于，讲过一个其美多吉的故事——

2007 年夏，她独自踏上川藏线旅行却误了班车，被困在海拔 4200 米的高原小镇马尼干戈，"一位身材高大、肤色黝黑、扎着一条马尾的藏族邮车师傅，把我捎到了德格"。

10 年后，吴光于带领采访小分队赴甘孜，近距离感受雪线邮路。刚踏进甘孜县邮政分公司的大门，她几乎惊叫起来——那个站在邮车旁微笑的人，就是

10年前热心搭载过自己的邮车师傅！

吴光于没想到的是，10年过去了，他居然还在开邮车！

那位"邮车师傅"，正是其美多吉。

其实何止10年？其美多吉在这条邮路上，至今

其美多吉出班前为新
邮车清理积雪

（周兵/摄）

已跑了整整 30 年！仅雪线邮路最危险路段——甘孜到德格（需翻越雀儿山，单程 209 公里），他就往返过 6000 多次，累计行程达 140 万公里，相当于绕地球赤道 35 圈、从地球去了 4 趟月球。

30 年里，不少人劝其美多吉："你熟悉川藏线，驾驶技术好，跑运输肯定能挣大钱，何必守着一辆邮车开一辈子？"他憨厚一笑："我喜欢开邮车。"

其美多吉有一副好嗓子，邮路上孤寂难耐时，常常高歌一曲为自己解闷。与他同村、一起长大，年轻时一起开过大货车的伙伴亚东，多年前转行唱歌，走上了央视的"星光大道"，成为全国小有名气的歌手。

亚东不止一次向其美多吉发出盛情邀请：一起出去从事演艺活动。

甚至有人替其美多吉预测"星途"，说他如果也去唱歌，肯定能成为专业歌手，肯定能走红。他还是憨厚一笑："我喜欢开邮车。唱歌嘛，路上也可以唱嘛。"

单位曾两次将其美多吉调整到管理岗位。"但他待不惯办公室。"同事切热清楚地记得其美多吉当时表现出的失落，"没事就往车场跑，围着邮车一圈一圈转，看看这儿，摸摸那儿，跟掉了魂似的"。

甘孜县邮政分公司总经理益登灯真，对其美多吉也很无奈："每次岗位调整不出一个星期，他就跑来找我，说自己文化水平低，电脑用不好，反正就是待不住，强烈要求回去开邮车。"

甘孜县邮政分公司的许多人都记得一个场景：2014年4月，其美多吉重伤康复后重归车队那天，同事们向他献上洁白的哈达，他却转身将哈达系到邮车上。同事们后来笑称："邮车才是多吉哥的真爱。"

其美多吉说："开着邮车行驶在邮路上，就感觉到逝去的大儿子和曾经的自己又回来了。"

2018年年初，55岁的其美多吉向公司递交了延迟退休的报告："跑邮路快30年了，猛一下离开，我真的舍不得。"

"为丈夫祈福"

再见吧，妻子
再见吧，妻子
马达已打转

其美多吉与妻子泽仁曲西

（何艳华／摄）

汽车已发动

排挡已齿好

丈夫要出发

你不要悄悄地流泪

你不要把我牵挂

当我从雀儿山凯旋归来

再来看望亲爱的你

……

时代楷模其美多吉

其美多吉出车前与妻子道别

（周兵/摄）

这首《邮车驾驶员之歌》，是甘孜县邮政分公司员工自己创作的，曲调说不上优美，歌词也不算华丽，甚至还有点小语病，但邮车驾驶员都爱唱。

他们唱着这首歌，一次又一次踏上充满凶险的雪线邮路；而他们的妻子，也听着这首歌，一次又一次目送丈夫驾车远去。

妻子为驾驶邮车的丈夫送行，是川藏线上邮政职工自觉形成的一种默契，一直坚持了30多年。已退休的原甘孜县邮政局局长生龙降措解释说："如果一个人心里有了牵挂，他就会知道自己的生命不仅仅属于他一个人，也会在最危险的时刻有活下去的勇气和信心。"

以前，泽仁曲西每次都一个人为丈夫送行；添了孙子后，她则会抱着孙子一起为丈夫送行，"就是想

让他知道，家里不仅有我，还有可爱的孙子。我们都
在等着他平安归来，我等他回来吃饭，孙子等他回来
抱一抱、亲一亲"。

　　泽仁曲西每次都轻轻地拍打着丈夫其美多吉背上
的尘土，目送着丈夫上邮车。

　　邮车，从她的眼前，慢慢地驶向远方。

　　泽仁曲西已经记不得多少次送丈夫出班了，而每
次出班都是同样的担心。

泽仁曲西带着小孙子
给丈夫送行

（周兵／摄）

"我最害怕他出事，山路那么危险，每天早上他出车后，我都会到寺庙里去念经、礼佛，为他祈福，求菩萨保佑他一路平安。"泽仁曲西深知邮路险峻，她从来不敢祈求太多，唯一的愿望就是丈夫每次都能"平安归来"。

2012年9月，其美多吉在邮路上遇袭身受重伤的消息传到德格老家，三四十名亲戚赶来准备报仇。善良的泽仁曲西出面拦住了他们，她不想冤冤相报，只希望丈夫平安。

其美多吉脱离生命危险后，泽仁曲西又和丈夫在众人不解的目光中，当着凶手家属的面，签下谅解书递交法庭，并将经济补偿退了回去。亲戚们都说她是"神经病"。泽仁曲西说："他们的家庭都很不宽裕，也很不容易。孩子进监狱已经得到应有的惩罚了，这个钱就算了吧。我们不要赔偿，只要我丈夫活着，只要他平安。"

2015年10月，小儿子扎西泽翁到甘孜县邮政分公司上班时，泽仁曲西对他提了一个要求：干什么都可以，就是不能开邮车、跑邮路！

其实，扎西泽翁一直想考货车驾照，像父亲一样开邮车。但每次小心翼翼地提起此事，泽仁曲西就坚决反对，说什么也不答应，甚至会大发雷霆："你哥哥已经不在了，你阿爸让我担惊受怕几十年。你还想怎么样？想开大车可以，等我死了以后，你想怎么开就怎么开！"

其美多吉知道，接连的重创早已让妻子不堪重负，坚强的她"真的再也坚强不起来了"。

"我们的多吉哥"

在其美多吉心里，邮路把兄弟们紧紧拴在一起，组成了一个大家庭。

作为甘孜县邮政分公司驾押组组长、雪线邮路的"领头羊"，其美多吉是师兄弟们眼中受敬重的好班长、特豪爽的真汉子、有威望的多吉哥。

30 年来，泽仁曲西没少埋怨丈夫："家里的大事小情，没怎么管过，回回不见人。"

听着妻子的唠叨，其美多吉总是呵呵一笑："组里驾驶员紧张，我不盯着怎么行？'李老三'家里有事，我得去；切热这几天身体不好，我要替他

其美多吉（中）与同事
在雀儿山脚准备上山
（周兵／摄）

出班……"

　　刀子嘴豆腐心。埋怨归埋怨，泽仁曲西理解丈夫
也通情达理，每次都装作不耐烦地往外轰他："去吧，
去吧，就你行，就你行。"因为她知道，在丈夫心里，
天大的事情，也没有跑邮路重要。

　　邮车驾驶员归班时间不定，常常回来赶不上饭
点，吃不到一口热乎饭菜。其美多吉知道后，肯定二
话不说，拉起人就往自己家走："上我家吃饭，让你
嫂子做。"

　　别人要是推辞，其美多吉就把脸一拉："添一双
筷子的事。跟我还见外？没把我当大哥？"

　　27 岁的洛绒牛拥是其美多吉的徒弟，跟着他跑了 4 年邮路，1 年前正式"放单飞"。洛绒牛拥说："师父待我像亲儿子一样，经常拉我去家里吃饭，师娘做饭特别好吃。"

　　去师父家里吃饭的次数多了，洛绒牛拥还跟其美多吉开玩笑："师父，你家好吃的东西都放在哪儿，

其美多吉与徒弟小憩

（周兵／摄）

你不知道吧？我知道。"

平常，同事们开口向其美多吉借东西："多吉哥，把那个啥子借我用一哈子。"

其美多吉肯定非常爽快地答应："用吧，用吧，拿去就是。"

同事们笑话他："还不晓得借啥子，你就答应了？"其美多吉嘿嘿一笑："管是啥子，你用得上就行。"

同事们对其美多吉有一个共同的评价：多吉哥虽然话不多，但"落教（仗义）得很"！

生活上是一码事，工作上是另一码事。二者的区别，长得有些"粗线条"的其美多吉分得清清楚楚。

同事登真扎巴记得，有一次自己交接邮件忘了清点，本以为可以敷衍过去。没想到，其美多吉当场就翻了脸，愣是让他将200多件邮件重新从车里掏出来，一件一件点清才作罢。

每次出车前，其美多吉都会不厌其烦地对驾驶员们耍"婆婆嘴"：邮件一定清点好，车辆务必检查好，油箱水箱盯着点，随车工具、吃的喝的带没带？

开始有人嫌烦，说他啰嗦，后来也就习惯了：

其美多吉和同事们

（周兵／摄）

"多吉哥平时不爱说话，啰嗦有啰嗦的道理，肯定都是为了咱们好。"

其美多吉说："邮车上路，安全是第一位的。要确保邮件、邮车和驾驶员安全，工作不细致不行，检查不到位不行，准备不充分也不行。多啰嗦几句、提醒几句，没有坏处。"

30 年来，其美多吉坚守在雪线邮路上，从未发生过一起安全事故；2016 年，康定—德格邮路车队入选"中国运输领袖品牌"。

2018 年，交通运输部正式将康定—德格邮路命名为"其美多吉雪线邮路"——这是交通运输部首次以个人名字命名一条邮路。

同事们说："以前,多吉哥带着我们跑邮路;现在,我们天天跑在多吉哥的邮路上,追赶他,超越他。"

"都是一家人"

川藏线,以前是一条运输生命线,进藏物资车辆源源不断;现在是一条热门旅游线,骑行自驾游客络绎不绝。

长年在邮路上往返,其美多吉和同事们早已将路况烂熟于心。说起这条邮路,他们甚至毫不谦虚:"坐在车上,闭着眼睛都知道哪里有个弯道,哪里有一座房子,哪里有一块大石头。"

邮车,似乎成了雪线邮路上的一面旗帜。蜿蜒崎岖的道路上,经常发生车辆故障或事故造成拥堵。每当这时候,只要看到邮车过来,大家仿佛就看到了救星:"邮车来了,有救了!"

路上经常遭遇暴风雪和泥石流,塌方滑坡路断也是常事，很多路段只能单边放行，每次几乎都是邮车打头阵。邮车过去了，其他客车、社会车辆才敢小心翼翼通过。

下雪的时候，其他社会车辆都停运了，只有其美多吉他们的邮车行驶在漫天大雪之中、茫茫雪山之上，碾出路上的第一道车辙。

"在雀儿山上，只要看到我们的邮车过来了，就说明今天天气没问题，车辆可以通过。如果邮车没过来，可以说任何车辆都不敢过去。"其美多吉说。

久而久之，川藏线上的社会车辆都对邮车形成了一种依赖。

其美多吉说，邮车驾驶员都爱"管闲事"，路上无论出现什么状况，都会出手帮忙解决，经常充当"临时交警"，维护道路通畅。

那年雀儿山上大雪纷飞，几十辆车堵成了一条长龙。有司机当场放出话来："只要能帮我把车开下去，要多少钱尽管开口！"

为了疏通道路，其美多吉带着驾驶员兄弟们主动下车，趴在雪地里帮地方车辆加挂防滑链，推车下斜坡，开车下弯道。顶着零下十几摄氏度的严寒，其美多吉在雪地里来回冻了 1 个多小时。道路疏通了，原本就感冒的其美多吉病情更严重了。

2008 年 3 月，一队军车被困在老虎嘴的斜坡上。带队的旅长说，部队有紧急任务，务必尽快通过该路段。其美多吉二话不说，爬上最前面的军车，发动引擎。第一辆军车冲上斜坡后，他又返回坡下，爬上第二辆军车……

如此往返 1 个多小时，20 多辆军车顺利通过。官兵按响喇叭向其美多吉致敬时，没有人知道，他的后背早已被冷汗浸透。

1999 年冬，其美多吉看到一辆大货车停在雀儿山路边，车上有 30 多位去拉萨朝拜的牧民，有老人有妇女也有孩子。停车一问，才知道他们的车坏了，已经被困了两天。

其美多吉赶紧从车里掏出工具帮忙修车，半个小时后，车子打着火了。牧民们高兴地围着他，用藏族最朴实的方式为他祈福。

30 年里，类似这样的事情，其美多吉不知道遇到过多少回，被帮助过的人他连姓名都没问过。有时候，开邮车走在路上，一些过往车辆友好地按喇叭、司机探出车窗热情地打招呼问好，他都不知道那人是谁。事后才猛然想起："确实有些面熟，好像在哪里帮过他的忙。"

有人开玩笑说，像其美多吉这样的邮车驾驶员，冬天的时候，守在折多山、雀儿山上帮忙修车、开车，就能够挣一大笔钱。

玩笑终归是玩笑。忙是必须要帮的，钱却断然不能收。"举手之劳，不值一提。趁火打劫的事，咱坚决不能干。"其美多吉说："走在一条路上，就是一家人。一家人就应该相亲相爱、相互帮助。"

30年来，其美多吉根本就记不清，将多少名驴友带下山、送医院，帮助修理过多少台抛锚车辆，多少次将地方车辆开出危险路段，应急食物分给过多少人，身上的厚衣服多少人披过，车上的棉被多少人盖过、裹过……

在他看来，穿着绿色的制服、开着绿色的邮车，就应该沿途播撒绿色的希望——是前行的希望，也是生命的希冀。

"道班上的兄弟"

雀儿山五道班，是川藏线上海拔最高的道班，距5050米的垭口不到100米。每年冰冻期，长达八九个月，6级以上大风要刮5个月以上，寸草不生，含氧量不到内地的一半，冬季最低气温零下40多摄氏度，是"生命的禁区"。

山上的生活特别艰苦，经常缺水、缺电、缺菜。偶尔有点蔬菜，要不成了"干菜"，要不冻成"冰棒"，往往是"一勺豆瓣一顿饭，一把食盐一锅面"。高山气压低，水烧到76摄氏度就开了，饭菜都是夹生的，好多人都得了胃病。遇到塌方和泥石流，生活物资供应不上，连一口热饭都吃不上。大雪封山时，只能用干粮充饥。

在雀儿山上，邮车是道班工人能见到的为数不多的绿色；邮车驾驶员是道班工人最熟悉的人。

五道班班长曾双全，19年前与其美多吉相识。

那是曾双全刚到五道班的第一个冬天，他开推土机上路清障。为了节省时间，早点把路疏通，他已经

与道班兄弟亲如一家

（周兵/摄）

连续吃了好几天干粮。

那天，曾双全正坐在清障的推土机上就着雪水吃干粮，一辆邮车停下来，一脸络腮胡子的师傅对他说："师傅，怎么又吃干粮啊？我下次给你们带点蔬菜。"

"后来才知道，他就是工友们常提起的其美多吉。"曾双全说，"那时我还不认识他，但他几句关心的话，说得我心里热乎乎的"。

曾双全记得，通信不发达的时候，是其美多吉等邮车驾驶员帮他们发电报、送家信、寄汇款，"道班工人的家庭地址，他们记得清清楚楚"；山上的日子枯燥单调，也是其美多吉等给他们送来报纸杂志，以及录像带、光碟；冬春时节，道班工人总有几天啃干

107

与道班兄弟在一起
（周兵／摄）

粮，其美多吉他们见到后，第二天一准儿把蔬菜、水果送到道班；每年春节前，其美多吉他们都会给道班送一些牦牛肉、青稞酒、蔬菜、水果，让他们过一个丰盛的节日……

现在虽然有手机了，但雀儿山上经常没信号。2013年春节，曾双全的爱人来到雀儿山，陪他过春节。她为了找手机信号，一不小心，在冰雪路上滑倒了，手腕摔成了粉碎性骨折，留下了残疾，至今曾双全都无比内疚。

2017年3月的一天，曾双全的工友郑良从老家简阳休假回来。因为从海拔几百米一下子升到了

5000 多米，他发生了严重的高原反应，呼吸困难，一直冒虚汗。其美多吉恰好开车路过道班，看到郑良的样子，二话不说，把他扶上车，送到甘孜县人民医院。现在，郑良还常说，其美多吉是他的救命恩人。

这些年，其美多吉和道班工人像兄弟一样，相互关心、彼此依靠。甘孜到德格的邮车，一般是下午四点半左右经过五道班，如果超过两个小时邮车没来，

兄弟相见，说不完的知心话
（周兵／摄）

道班工人就会沿路寻找，怕他们困在山上。等邮车的喇叭声，已成了道班工人的习惯。

而其美多吉等邮车驾驶员更记得，每次被困雀儿山，道班的兄弟们总是第一时间赶到，送来自己都舍不得吃的热饭热菜；哪天邮车没有按时经过道班，其美多吉定会看到道班兄弟们寻找他们的急切身影。

其美多吉的同事德呷曾被困雀儿山 7 天，在他几近绝望的时候，就是道班工人开着铲车前来救他，铲车发动机上放着一盒热气腾腾的面条！

1998 年 12 月的一天，邮车师傅达瓦绒波在山上遇到大雪，车滑进路边的沟里。在零下 30 多摄氏度的雪地里，他走了近 10 个小时，直到凌晨 3 点多，才走到五道班求救。曾双全的前任班长、"全国劳动模范"陈德华，立即把温暖的被窝让给他，还拿出吃的。随后，陈班长叫上其他工友，一起赶到出事地点。他钻进邮车底下打千斤顶，由于找不到垫车轮的石头，就脱下自己的皮衣，垫在车轮下面。在大家的努力下，终于把邮车推上了公路。

······

这样的无私互助不胜枚举。

道班上的床，每名邮车驾驶员都睡过；道班上的饭，每名邮车驾驶员都吃过。就连道班上的大黑狗"莽子"，看到邮车驾驶员都会摇头摆尾跑来亲热一番。

"除了家人和同事，最亲的就是邮路沿途的道班兄弟们。我们之间有过命的交情，是生死兄弟。"其美多吉说。

2019年1月25日，中共中央宣传部向全社会发布其美多吉的先进事迹，授予他"时代楷模"称号。在央视"时代楷模发布厅"现场，视频中出现曾双全、郑良等五道班工人的镜头，一张张熟悉的面孔，一句句"多吉哥，好久不见了，你还好吗？我们都很想你"的问候，让其美多吉忍不住掩面而泣。

雀儿山隧道开通后，五道班从山上撤了下来，其美多吉从此与道班兄弟分别。"1年多没见着他们了。"其美多吉说，"挺想念他们的"。

"我的救命恩人"

没有什么比生命更可贵，没有什么比挽救生命更崇高。

车行一路，爱撒一路。30 年行驶雪线邮路，出手帮助过多少人、挽救过多少生命，其美多吉自己都记不清了。

在其美多吉的邮车上，一直备着氧气罐、红景天、肌苷口服液等，随时准备提供给需要帮助的人。

一次车过石门坎，天空中飘着雪花。其美多吉发现前面路面有一个坑，便下车去路边捡石块填上。弯下腰时，发现雪地上居然还躺着一个人：嘴唇冻成了"乌茄子"，手艰难地挥动了一下，就有气无力地垂了下去。

其美多吉赶紧把人抱上车，脱下皮大衣将他紧紧裹住，开车向德格方向快速驶去。送进医院得到有效救治后，那人两眼含泪拉着他的手不停致谢："你是我的救命恩人！感谢好人呐！要不是碰上你，我这把骨头就扔在雀儿山上了！"

2010 年 6 月的一天，其美多吉在雀儿山垭口看见一名骑行的驴友躺在路边，立即停车查看。那人说自己没事，有点感冒，休息一下就好。

其美多吉知道高原感冒的严重性，坚持把他扶上

雪域邮路，撒满人间真情
（周兵／摄）

邮车。结果，人一上车就昏迷了。送到医院，医生说是严重的高原反应，如果不是送医及时，命肯定保不住。

有的能救，有的却无力回天。每每遇到车毁人亡事故，其美多吉就很沮丧也很自责，似乎这样的结果与他有关："如果我能早点赶到，如果我懂得更多急救常识，也许人就能活着。"

遗憾和唏嘘之余，其美多吉能做的，就是每次驾车通过那些路段时，打开车窗向空中撒一把龙达："愿这些灵魂在天堂里安息。"

扎西泽翁的婚礼

2016 年 7 月 23 日，星期六。这一天，是其美多

亲朋好友为婚礼带来
了激情四溢的盛装宫廷舞
表演

（周兵/摄）

吉的小儿子扎西泽翁结婚的大喜日子。

藏族婚礼讲究多，前前后后要忙上好一阵子，仅
新郎的一套藏式传统手工服装，就要花半个多月的时
间制作。

扎西泽翁说："就像阿妈经常埋怨阿爸的那样，
家里的大事小情都指望不上他。我 23 日结婚，阿爸
22 日才从邮路上赶回来。"

话语中当然没有责怪的意思，因为那场婚礼远比
想象中的隆重而热闹——这一点，新郎扎西泽翁和新
娘单珍拉姆根本就没有想到。

泽仁曲西更没有想到。为筹办儿子的婚礼，她一
度日夜操劳又非常担心：丈夫天天出车不在家，办婚

一对新人在亲友的簇
拥下，来到婚典现场

（周兵／摄）

礼事无巨细，不能让儿子、儿媳留下任何遗憾。

"多吉家的喜事，就是我们分公司的喜事。"早在
婚礼前 1 个月，甘孜县邮政分公司副总经理曲桂珍就
悄悄开始布置任务，"只要手头没有工作，有时间大
家就去多吉家帮忙，家属能发动起来更好"。

婚礼那天，其美多吉家高朋满座，热闹非凡：政
府官员来了，公司领导、同事来了，家属、孩子们
来了，亲戚、朋友们来了，藏族的来了，汉族的也
来了……

婚车司机是邮车驾驶员，花童是家属院里的孩
子，伴娘、伴郎是单位的年轻同事，厨房的主厨是
"三哥"、分公司网运部主任达瓦绒波……

其美多吉为儿子、儿媳送上哈达，祝福他们幸福快乐

（周兵/摄）

一帮男人忙着搭帐篷、搬柴火、摆桌子，几十个女人择菜、洗菜、切菜、刷碗……人人都在忙碌，人人都在笑。

蓝天下，卓达山白雪皑皑；草地上，格桑花竞相盛开。其美多吉家设置的路席上摆满牛肉干、酥油茶、酸奶、麻花、水果、饮料，新郎、新娘双方亲属第一次见面，说不完的家常，道不尽的祝福。

热闹的路席吸引着过往的群众、自驾的游客、骑行的驴友，大家纷纷拥上前来，尝一口喜庆的美食、喝一杯祝福的软饮，尽情分享康巴草原一个普通藏家的喜悦。

婚礼上，男男女女、老老少少排成长队向新人献上洁白的哈达，跳起著名的非物质文化遗产——藏族宫廷舞，大家唱歌、跳舞、欢笑，叮嘱着、感慨着、祝福着……

感受此情，目睹此景，扎西泽翁和单珍拉姆哭了，其美多吉和泽仁曲西哭了，亲朋好友们哭了——那是感动的眼泪，更是幸福的热泪。

近三年过去了，扎西泽翁如今已成为两个孩子的父亲。提起当年那场婚礼，夫妻俩仍旧沉浸在浓浓的幸福之中，而甘孜县藏汉群众至今还在津津乐道：

泽仁曲西为泪流满面的儿子擦拭泪水

（周兵／摄）

其美多吉幸福一家人
（周兵／摄）

其美多吉一家在野外团聚
（周兵／摄）

"那个婚礼，真的好喜庆、好热闹，好羡慕！"

其美多吉夫妇也是直呼"没想到"："感觉跟做梦一样。我们就是一个普通人家、给儿子办一场普通的婚礼，竟然能办得全县皆知。"

甘孜县邮政分公司总经理益灯登真后来总结说："其美多吉心肠热、人缘好，所以他家的婚礼才能办成一场藏汉同心的喜宴、民族团结的联欢。"

第五章　赞美如潮

格桑花里，有你的青春

格桑花，高原上生命力最顽强的野花。

《格桑花盛开的邮路》，是专门写给其美多吉的一首歌。藏族女歌手扎西措在歌中唱道：

"高高的雪山上，格桑花盛开，绿色的车队，你向我走来，是最温暖的期待。是那雄鹰般的康巴汉子，留下英雄的传说。岁月悠悠的邮路，是最圣洁的信使。"

其美多吉在这条邮路上献出了青春与终身。党和政府没有忘记他，一系列荣誉纷至沓来——

2017 年 4 月，其美多吉被交通运输部和中华全国总工会评为"2016 年感动交通十大年度人物"。

"28 载，你是行走在川藏线上的侠义信使，暴风雪、泥石流，数不清的艰难险阻和生死挑战，都无法阻扰康巴汉子坚定的信念，3500 米的雪线邮路，留下了你孤独而又果敢的印记。一封封信件，连接世界；一个名字，温暖人心；一生交通，激扬人生！"颁奖词中深情地写道。

专门写给其美多吉的歌曲《格桑花盛开的邮路》（来源：中国邮政报微信公众号《悦耳 | 格桑花盛开的邮路》）

2017 年 4 月，交通运输部党组书记杨传堂（前排左七）、部长李小鹏（前排左八）接见其美多吉（前排左四）

（赵立涛／摄）

就在当天，其美多吉受到多位领导的接见。

交通运输部党组书记杨传堂紧紧握住其美多吉的手说："我看了你的事迹介绍，很感人！"

交通运输部部长李小鹏得知其美多吉藏文名字的意思是"长寿金刚"时说："你的名字和你的事迹很贴切，你是真正的金刚！"

国家邮政局党组书记、局长马军胜随后会见了其美多吉，并要求全系统全行业要以其美多吉为榜样，大力弘扬社会主义核心价值观，自觉践行行业核心价值理念，引领企业发展方向，树立良好的社会形象。要大力选树先进典型，充分发挥典型的示范、辐射作用，影响和带动广大从业人员，立足本职，无私奉献，为行业发展作出新的更大的贡献。在其美多吉离开时，马军胜叮咛他，一定要保持荣誉，在邮路上注意安全。

中国邮政集团公司原总经理李国华说，其美多吉先进事迹代表的不只是一个个体，而是整个"雪线邮路"群体，不只是属于这个时代，而是几代邮政人优

2017 年 4 月，国家邮政局党组书记、局长马军胜（左四）会见其美多吉（左五）

（易思祺/摄）

中国邮政集团四川省分公司制作的《雪线邮路》电视纪录片

（来源：腾讯视频邮政新闻宣传中心《雪线邮路0409》）

秀品质的历史传承。

中国邮政集团公司副总经理康宁当天在与其美多吉座谈时表示，其美多吉的身上体现了中国邮政的工匠精神，他在平凡的岗位上作出了非凡的成绩。希望全国邮政特别是邮政网运战线的干部职工要学习其美多吉默默无闻、无私奉献的精神，坚定网运改革信心，履行好邮政普遍服务责任。

2019年1月26日，其美多吉被中宣部授予"时代楷模"称号。其美多吉的事迹被传播得越来越广、越来越远……

仅仅1个月后，其美多吉又当选"2018年度感动中国人物"。正像颁奖词所说，"三十忠诚风与雪，万里邮路云和月，雪山可以崩塌，真正的汉子不能倒下，雀儿山上流动的绿，生命禁区前行的旗，蜿蜒的邮路是雪山的旋律，坚强的多吉，你唱出高原上最深沉的歌"。

是的，其美多吉在这条雪线邮路上播撒了青春，滋养了一路盛开的格桑花。

2019 年 2 月，其美多吉当选"2018 年度感动中国人物"

（周兵／摄）

云端之上，有你的牵挂

　　其美多吉，为使命碾出一条路，为生命谱出一曲歌，为信念竖起一座峰。他的故事朴实而生动，真切而动人，温润而绵长……

　　每个人心目中都有一个不一样的其美多吉，那些离其美多吉最近的人——家人、同事、朋友，心中都有一个关于其美多吉的标签，每一个，都与众不同：英雄父亲、康巴汉子、雪线金刚、雪山鸿雁、忠诚信使……

　　其美多吉是儿子心中的英雄。在其美多吉北京宣

127

其美多吉走进中
央电视台《唱给
你听》

（来源：腾讯视频
邮政新闻宣传中
心《中国邮政其
美多吉》）

讲会上，小儿子扎西泽翁凝视着父亲，眼神清澈而深情。他说，真希望阿爸能歇一歇，可是他说，只要自己还跑得动，就会一直在邮路上跑下去。

有一首藏歌是这样唱的："一双粗糙的大手，刻满人生酸甜苦辣，世上只有雪山崩塌，绝没有自己倒下的汉子，要是草原需要大山，站起的一定是你，憨憨的阿爸。"在儿子心里，阿爸就是这座大山，就是这个站起来的汉子，就是家人心中的英雄。

其美多吉是同事心中的偶像。其美多吉的故事以及"雪线邮路精神"已传到祖国的各个角落。2019年3月，其美多吉收到了来自广阔的内蒙古草原上的来信。在邮路上跑了几十年的劳模全二平在信中说："其美多吉大哥，你用行动生动诠释了新时代奋斗者的敬业奉献和勇于担当。看到你当选'2018年度感动中国人物'，我的心情非常激动。你是我们邮政'人民邮政为人民'服务宗旨的忠实践行者和代言人，这个荣誉不仅是对其美多吉大哥你工作的肯定，也是对我们邮政的肯定，我们要向你学习，将其美多吉精神化为干事创业的动力，对照合格党员标准，主动担当，积极作为，做'敢担当、精业务、强服务、讲奉献'的新时代邮政人。"

在信中，内蒙古自治区邮政分公司杨晓红对"偶像"其美多吉说：你是雪山的雄鹰，山再高你能飞越，雪再大你能穿行，路再远你也誓达终点。连绵的雀儿山你守护，雪域的山垭路口镌刻着你的身影。

已经不知道多少次听到了其美多吉的英雄事迹，但内蒙古自治区呼伦贝尔市邮政分公司韩明慧每次都会有不同感受，这种感受写在信里，变成了行动：初听说时，觉得你很敬业也很勇敢；随着你的事迹被越来越多人知道，我感到骄傲和自豪；看到电视画面里你与家人的故事，又觉得有些心酸。始于责任，终于热爱。我终于知道你为何能三十年如一日辛勤付出，不仅为工作、不仅为责任，还因为有热爱，因为热爱所以不忘初心，因为热爱所以甘之如饴。向你致敬！

其美多吉是家乡人心中的骄傲。四川省成都市金沙遗址博物馆资深研究员、副馆长王方说，虽然我每天面对着一群不会说话的文物，但在我眼里，每一件文物背后都藏着一群人、一个社会、一段历史，对于城市和国家历史文化气韵的感受也逐渐深化。只要对工作怀着热爱，心就会越来越沉静，人也会越来越单纯和专注，我觉得自己在这个岗位上很幸福，想必其美多吉也是在这样的心境下走过了30个年头。

其美多吉为造福乡民、服务地方经济、民族团结所做的努力，被记在"父母官"四川省甘孜州委书记刘成鸣心里："甘孜州的每一条邮路都是雪线邮路，雪线邮路上的每一公里都充满了艰辛，写满了故事。其美多吉的事迹代表的是高原儿女迎难而上、有为担当、团结协作、坚韧顽强的精神。在雪线邮路上，一代又一代邮政人前赴后继，奉献着青春、鲜血，甚至生命，他们是民族团结一家亲的使者，为藏区的发展和稳定作出了重要贡献。"

中国邮政集团公司甘孜藏族自治州分公司党委书记、总经理李显华说，其美多吉是光荣的雪线邮路上诞生的又一位英雄，从1954年雪线邮路开通至今，高原邮政人献了青春献终身，献了终身献子孙，默默践行着"人民邮政为人民"的誓言。在一个个连行车都困难的藏族村寨，一个个连手机信号都难以覆盖的深山牧区，一封封邮件、一份份报纸、一个个印着"中国邮政"的快递包裹，从未放弃过抵达。为了百姓的便利，为了将党和政府的声音传递到每一个角

落，许许多多的其美多吉，义无反顾地坚守了一代又
一代。

天路之中，有你的明灯

"格桑花盛开的邮路，哦——，那是最美的天
路。"扎西措在美妙的歌声中唱道。

如今，其美多吉的故事像蒲公英一样随着这条
"最美天路"——雪线邮路而传遍四方。

从中央媒体《人民日报》到行业媒体《中国邮政
快递报》再到地方媒体《四川日报》《四川通信报》，
从中央广播电视总台到各种微信公众号、视频平台，
从庙堂之远到街头巷尾，其美多吉的故事通过文字、
电波、镜头，被传颂着、播撒着，在人们内心深处最
柔软的地方深深扎下了根。

"是信使，更是亲人！——为大家传递喜悦的信
使，给大家带来幸福的亲人。"2019年1月23日《人
民日报》深情评论道，"茫茫雪域高原，一辆绿邮车，
其美多吉一开就是30年。'川藏第一险'的雀儿山，
悬于绝壁的云中路，其美多吉每个月都要翻越20多

人民日报

在平均海拔超过3500米的山路上往返30年，55岁的长途邮车驾驶员其美多吉——

雪线邮路上那抹流动的绿……

本报记者 李昌禹

"只要有邮件，邮车就得走；只要有人在，邮件就会抵达"

"邮车就像是我的第二个爱人，我怎么可能放弃呢"

"每当老百姓看到邮车和我，就知道党和国家时时刻刻关心着这里"

□ 快评

是信使，更是亲人

长 余

图① 其美多吉行进山路。

周 航摄（影像中国）

「我们的中国梦」——文化进万家文艺小分队进基层

「这份年礼送到了心坎上」

本报记者 江 南　王昱丹　钟自炜　肖家鑫

5位"最美退役军人"代表与中外记者见面——

"退役不褪色，建功新时代"

5位"最美退役军人"代表

位"最美退役军人"代表（见上图）团结"退役不褪色，建功新时代"与中外记者见面会的留影。

《雪线邮路上那抹流动的绿……》（载《人民日报》2019年1月23日）

132

次。岁月催人老，却让其美多吉老骥伏枥；险途令人胆寒，其美多吉却勇往直前……"

在其美多吉的故事中，《人民日报》品评出更耐人寻味的意义——

雪线邮路上，每次遇到险情，都是他的邮车率先通过。只有邮车通过了，其他社会车辆才小心翼翼地跟着车辙开过去。遇到社会车辆抛锚、驾乘人员发生高原反应等情况，他二话不说，跳下车就展开施救。他总是把危险留给自己，把方便让给别人。我们从中读出了其美多吉乐于助人、团结友善的高尚情操。

"我看到老百姓拆包裹的样子，心里就高兴。"简单质朴的话语，映照出这个金刚般的康巴汉子内心的光亮；道班工人的赞叹，道出了老百姓对他的信任和依赖。在这里，我们听到了其美多吉不畏艰险、为民奉献的价值追求。

身中17刀，肋骨被打断4根，头盖骨被掀掉一块，左脚左手静脉被砍断，也要维护邮件邮车安全；伤好后的第二年，就不顾同事和家人的劝阻，再次踏上险途……在这里，我们看到了其美多吉忠诚履职、舍身忘我的使命担当。

2019 年 1 月 27 日《经济日报》评论道，"30 年来，其美多吉用每一道车辙，诠释了邮政人的忠诚和担当。'工作不能停，邮车必须走'的工作信条，其美多吉一直践行，这其中有他对事业的热爱和执着；'别人有困难，我们一定要帮'的邮路传统，其美多吉一直传承，这其中有他对职业的尊重和敬畏。让人感动的是，在广袤的藏区大地上，还有更多的其美多吉们，以坚不可摧的螺丝钉精神紧紧钉在川藏线上，架起藏区与内地沟通联系的桥梁"。

《经济日报》记者刘春沐阳说："其美多吉就像高原上的格桑花一样，用坚守和执着，默默践行着'人民邮政为人民'的誓言，守护着藏区通信的畅通，架起了民族团结的桥梁。"

《广州日报》记者刘冉冉说："新时代呼唤新作为。其美多吉用生命与鲜血、青春与忠诚，诠释着顽强拼搏、坚韧不拔的'雪线邮路精神'。作为一名记者，我们应当用更多的笔墨、更多的镜头聚焦在他的身上，向社会传递一种奋发向上的时代精神。"

○ 经济聚焦

为何说不必过于担心通胀压力通缩风险

——读懂中国经济年度成绩单之五

本报记者 林火灿

核心提示

2018年，我国物价形势总体保持稳定。

CPI总体温和上涨，全年同比上涨2.1%，低于年初提出的调控目标。PPI全年同比上涨3.5%，涨幅比上年回落3个百分点。

2019年，我国通胀可能性较小，通缩风险总体可控——

国际大宗商品价格显著下行的态势、人民通胀压力较小、投资需求和消费需求放缓、输入型的拉动作用减弱、货币政策稳健，不存在我国物价过度上涨的基础条件。客观来看要保持比逆周期调节政策积极的财政政策和稳健的货币政策，促进形成强大国内市场，这些都有助于缓解通缩压力。

国家统计局日前发布数据显示，2018年我国CPI总体温和上涨，全年同比上涨2.1%，涨幅比上年扩大0.5个百分点。剔除食品和能源价格的核心CPI全年同比上涨1.9%，涨幅比上年回落2.8个百分点。总的来看，2018年我国物价形势总体保持稳定。

物价水平与每个人的生活密切相关，也是受到关注的焦点。总的来看，价格的起伏牵动人心的脉搏变化……

时代楷模

□ 经济日报·中国经济网记者 吉蕾蕾

云端上的忠诚信使

——记雪线邮路藏族驾驶员其美多吉

其美多吉和同事驾驶邮车行驶在雪线邮路上（资料照片）。 新华社发

致敬勇于担当的雪线运邮人

吉蕾蕾

《云端上的忠诚信使——记雪线邮路藏族驾驶员其美多吉》（载《经济日报》2019年1月27日）

向全国双拥模范致慰问信

新华社北京1月26日电

《中国消费者报》记者冯松龄说："发生在其美多吉身上的故事让人动容，这背后是大家对他的工作和服务的认可。作为一名为全国消费者发声的媒体记者，我认为，中国邮政会涌现出越来越多像其美多吉一样的优秀职工，以优质的服务博得社会更多的掌声。"

星星之火，可以燎原。其美多吉的事迹像种子，生根发芽；像鼓点，催人奋进，在越来越多的人心中激起涟漪……

有满满的敬意——

"其美多吉是条汉子！"网友方观宝说。

网友"追忆似水年华"说，比起那些小鲜肉和网红大咖，我们更需要新时代的时代楷模。

就连兄弟企业的快递小哥都对其美多吉表达敬意。网友"自然法则"说："十年顺丰小哥向正能量传播者致以崇高敬意！"@客2019评价说："善良、勇敢、坚韧，铸就了神圣。"

有浓浓的自豪——

"无关乎金钱与荣誉，有关乎热爱与信念！"网友"孙晨Catherine"作为四川人，感觉很骄傲，"其美多吉，当之无愧的英雄信使！感谢他对藏区人民的守护，他是我们四川邮政的骄傲"。

网友"大 Péng"自豪地说："只要你贴上邮票，无论哪里必到。"

@ 何霞说："邮政的普遍服务如涓涓溪流一直延伸到每个角落，让所有人都感受到邮政的温情无处不在……多吉，我为你骄傲，为自己身为邮政人自豪！"

有深深的感恩——

@ 日理万鸭说："中国邮政，倾情奉献，从繁华都市到川藏人迹罕至，哪怕只有一封信件，也会安全送达，感恩邮政，感谢有你！"

"太感人了！"@ 雨夜流星通过微信给其美多吉留言："向你致敬，平凡的岗位，平凡的人，有你的付出，世界好温暖。"

有由衷的感叹——

"哪有什么岁月静好，只不过有人为你负重前行！"网友 @ 三点水说。

@ 老于说，十几年前去石渠检查工作，在扎溪卡草原碰见其美多吉，那个时候健壮、阳光、英俊，现在依然。为你点一百个赞。

甚至，还有充盈的斗志——

@低v调说，海拔5000多米的雪山，邮车每月二十多趟，邮路六十多年不间断，邮车是领头车，它能过别的车才敢过。我都有点想开邮车的冲动，其美多吉不容易啊！扎西德勒！

……

我们仿佛看见，其美多吉像一盏明灯，照亮了更多人心中的路。我们坚信，其美多吉的故事还没有结束，更多其美多吉的故事正在上演。

群像之间，有你的兄弟

在雪线邮路上，有一群其美多吉。

40岁的易晓勇是甘孜县邮政分公司的长途邮车驾驶员，在这条康定至德格的雪线邮路上已经跑了13年。

易晓勇的父亲易长书是川藏邮路的第一代邮车驾驶员，头上还留着在抗美援朝当汽车兵时未能取出的弹片。1970年易长书从部队转业后到康定邮车站当了一名长途邮车驾驶员，1976年到甘孜县组建甘孜邮车站。那时候的川藏线路况非常差，易长书执行甘孜到德格的汽车邮路单程起码要三四天，遇到狼和土匪则是常事。

1994 年，易长书退休。18 岁的易晓勇作为轮换工进入甘孜邮车站工作。当了 10 年汽车修理工后，他接过了父亲的接力棒，当上了一名长途邮车驾驶员。

曾经有一个机会摆在易晓勇的面前，他在成都学车的时候可以留下来。父亲说，是单位派你去学修车技术的，你要学好技术回到高原，为高原作贡献。易晓勇听从了父亲的话，回到了甘孜，回到了高原。

易晓勇有两个儿子，大儿子 17 岁，小儿子 10 岁。白天跑邮路，夜里起来带孩子，尽管很辛苦，这一幕却成为易晓勇最珍贵的回忆，因为两个儿子都长期不在夫妻俩的身边。大儿子因为从小生病生活不能自理，现在跟易晓勇的父母在成都市金堂县生活，小儿子跟妻子的父母在成都市双流区生活。一家四口，分居三地。

2006 年 6 月 9 日，那天发生的事情至今还历历在目——头一天，易晓勇照常出班甘孜—德格邮路。

他问快要临产的妻子余应琼："没有事吧？"妻子说："没有事，你放心，可能就这两天了，你出你的班。"

6月9日一大早，余应琼开始肚子痛，她知道可能要生产了，便收拾好住院要用的东西，到银行取了钱后，又一个人走到了县医院。早上9点，小儿子出生了。

那时的易晓勇，正在返回路上，海拔5050米的雀儿山垭口上。雀儿山，被称为"雀儿飞不过的山"，主峰海拔6168米。雀儿山上没有信号。10点多，易晓勇开车到达绒巴岔乡时，师傅的电话打来了："你到哪里了，你慢慢开回来，你又当爸爸了，你老婆生了一个儿子，母子平安！"

下午2点，易晓勇终于赶到县医院，他激动地抱着妻子："东东，你太伟大了！"妻子也哭了。说到这里，这个1.78米的汉子，忍不住泪流满面："我太亏欠他们了。"

陪了产后的妻子和小儿子三天，易晓勇又出班了。丈母娘专程从双流赶来帮他照顾妻儿。小儿子的健康出生，一家人都高兴。只要出班回到家，易晓勇就主动做家务，洗尿片，买菜做饭，喂孩子。

由于夫妻俩的工作性质，确实无法照顾孩子，同时为了孩子的教育，小儿子从 3 岁起就离开他们，跟着外公外婆在双流生活了。

易晓勇内心深处觉得对不起两个儿子，对不起辛苦了一辈子的双方父母。易晓勇曾专门请假到金堂老家陪了大儿子十几天，和大儿子之间那种很陌生的感觉，深深地刺痛了易晓勇的心。易晓勇哭得像一个孩子，用袖子不断擦拭着眼泪。

但是为了生活，为了家庭，为了工作，易晓勇选择了留在高原，留在这条雪线邮路上。

他说，为了对父亲的承诺，我把最美好的时光献给了高原。每一个人都有梦想，每天太阳都会重新升起！我喜欢跑邮车，等我经济条件再好点，我就自己买辆车，以后带着老婆去看儿子。

还有张克荣，大伙儿喊他张三哥。张三哥在甘孜州邮电局跟着师傅朱长生干了 10 年的汽车修理工。1992 年局里选拔邮车驾驶员，表现好的张克荣终于如愿当上了长途邮车驾驶员，至今开了 24 年的邮车了。

张克荣的父亲张锡成是康定邮车站的第一代邮车

驾驶员，负责执行康定—德格—新龙邮运任务，每次邮路要跑半个月才能回家。张克荣从小就羡慕父亲开邮车，每次父亲出班回来，几个兄弟都喜欢上邮车玩，他特别喜欢坐在方向盘前，装着开车的样子。

"只要出班我就很开心"，张克荣喜欢开着邮车听藏歌，最喜欢唱《敬酒歌》。他说他跑过最远的邮路是康定—得荣县邮路，往返1800公里，是甘孜州最长的，也是四川省最长的，可能也是全国最长的一条区内支线邮路，要10天才能跑一个来回。

2012年1月，张克荣和押运员高天强执行康定至甘孜邮运任务，行至八美镇橡皮山下时，被歹徒拦车抢劫和追砍。"好在我穿的是那种最厚的空军皮夹克，不然手肯定被砍断了。"张克荣的皮衣都被砍烂了。

张克荣爱车。他说车就像他的家，他在车里准备了铁锹铲子、沙袋、防滑链、十字镐、钢钎、喷灯。大伙儿都说张三哥车上的工具是最齐的。

张克荣爱家。2006年，一直身体不好的妻子李萍被查出患了高心病，接着又查出了糖尿病和肾病。在妻子生病的这八九年时间里，张克荣事无巨细、无微不至地照顾她，是公认的好男人。

　　每次出班前，张克荣都会给妻子做好可以吃几天的饭菜。生病的妻子心情不好，有时候要发火，张克荣就忍着。夫妻俩从来没有吵过一次架。"她个性强，我内向些，一看苗头没有对，我就先躲开了。"他说。

　　每次出班回来，张克荣衣服都来不及换就先干活。给妻子买菜做饭，熬药买药，打扫卫生洗衣服，既当爹又当妈，好在儿子一天天长大了。一天，患糖尿病的妻子在家里昏迷过去了，正好被偶然到他家的妻妹碰见，才赶快送到医院抢救。而那时的张克荣还在邮路上，直到他第二天回到康定，才知道妻子昏迷住院的事情。

　　2015 年 5 月 25 日，张克荣记得很清楚。早上 7 点半的时候，妻子问几点了，然后，她在他的怀里轻轻地叹了一口气，安详地闭上了眼睛。张克荣，这个一直坚强地支撑着的男人，一下子就瘫软了下来。

　　"她生病这么多年，我从来就没有想到过放弃，只要她在，我们这个家就在。两个人在一起就是有缘。"说起妻子，张克荣的眼神特别柔和。他虽然笑着，双眼却饱含泪水。

妻子走后，张克荣一个人在空荡荡的家里，怎么都待不下去。处理好妻子的后事，妻子离世的第7天，他就开着心爱的邮车出班了。

只是，在康定，再也没有那个牵挂他的女人了。

结婚26年，和妻子唯一一次出行，就是2011年11月单位组织的海南职工疗休。那时妻子刚刚做完肿瘤手术，在他的坚持下，他带着术后虚弱的妻子第一次出省，第一次看大海，第一次两个人一起旅游……

除了开邮车、跑邮路之外，家是其美多吉们心中永远的牵挂。

46岁的唐健生长在典型的邮电世家，父母、哥哥嫂子和他们夫妻都是"吃邮电饭"的，现在他是甘孜州邮政分公司网路运营中心设备管理员。从1991年在甘孜邮车站参加工作开始，唐健开邮车、跑邮路至今已经25年了。在地貌气候复杂多变的川藏线开车，他绝对是一把好手。

那是2004年的最后一个冬天，正值大年三十，唐健和押运员肖良执行从康定到甘孜邮路任务。一路上，除了茫茫大雪，他们几乎就没有遇到一辆车——

藏区的人们早就在准备过年了。

傍晚 6 点 40 分，邮车行驶至 3800 米海拔的罗锅梁子时，天已经擦黑了。发现公路上堆放着几块大石头，唐健赶紧下车搬石头。这时，一支冰冷的硬硬的枪管死死地顶着他的后背，阵阵生痛："把钱拿出来！"唐健悄悄地看了一下周围，公路上一共有 3 个歹徒，这时远处山坡上有人放了两枪。

唐健说："这是邮车！""邮车？把钱拿出来！"邮车保住了，唐健身上的新皮夹克和 1000 多块钱被抢走了，肖良的外套和 1000 多块钱也被抢去了。

当别人一家欢欢喜喜地过团圆年的时候，邮车驾驶员们却一直在邮路上。他们和家人过年的次数屈指可数，七八年、十年没有和家人过一个团圆年的大有人在。

唐健说，遇到过年出班，心里最不好受，不过慢慢地也习惯了。"开邮车开惯了，就有感情了，反正我舍不得。父母从小就教育我们要好好工作，干邮政肯定是要干一辈子的。"他说。

前些日子，唐健给雅江县藏区希望小学的孩子们送去了他新买的 1000 支铅笔和 1000 个作业本。没有孩子的他说，这算啥子，小事情。

同样喜欢一辈子跑邮路的还有达瓦绒波，甘孜县邮政分公司网运部主任，在邮路上也跑了26年。他说，一年365天，我们的邮车驾驶员有360天都在雀儿山上。如今的邮件量，是前些年的好几倍，大家都在网上购物了，每天寄往德格、昌都的电商包裹、国内小包、特快包裹太多了，经常要派加班车，才能保证邮运时限。

因为长年跑雪线邮路的缘故，达瓦绒波有雪盲症，看一会儿电脑或者手机就流泪。

达瓦绒波懂车，懂邮路，他更懂邮路上的兄弟们，他说，我们这些兄弟们太淳朴了！"我常常对身边的这些年轻人说，你们是八九点钟的太阳，以后这条邮路就靠你们了！"

在川藏线上还有"邮三代"。

2016年8月14日，康定，甘孜州人民医院。施建勋的儿子出生了，小家伙6斤8两，母子平安。

施建勋是甘孜州邮政分公司网运中心驾驶员，算是川藏线上的"邮三代"。

爷爷施济明是上海人，当年跟随18军进藏，参与川藏公路（川藏线）的修建。转业到甘孜州邮电局后，成为川藏邮路康定邮车站的第一批机要员。从此，这个上海人在美丽的"跑马溜溜的城"——康定安家落户，生根开花，将子孙留在了这条川藏雪线邮路上。

父亲施俊康 1950 年在康定出生，是康定县邮电局一名线务员，后来调到甘孜州邮电局机要科。母亲张洪秀，是甘孜州邮电局的一名包裹分拣员。

在高原，献了青春献子孙，是很多邮政人的真实写照。从小在邮政世家长大的施建勋，自然有一种邮政情结。2000 年，施建勋部队转业就到甘孜州邮车站工作，当上了长途邮车驾驶员，如今也跑了 16 年的邮车。

施建勋的第一次婚姻，就是因为他长期跑邮路无法照顾家庭，两个人分开了。长年在邮路上奔波的施建勋，一个月在家的时间平均不到六七天。

再婚三年，施建勋终于有了自己的孩子。这些天，他和母亲连轴转，在医院和家里两边跑，照顾妻子吴珊和还没有起名的新生儿。

2016 年 2 月 21 日的一场春雪，是康定十年未遇的最大暴雪，康定城区积雪厚度 30 厘米以上，很多社会车辆和公交车都无法出行。第二天一大早，甘孜州邮政分公司总经理李显华带领在家的全体干部员工铲雪，硬是清理出一条汽车通道，让当天的邮车全部准班出发。

施建勋说，春雪又叫压草雪，比冬雪更可怕，进入春季下的雪，地面上是软的，上面是雪，下面是冰，车子很不容易站住，驾驶员们都很谨慎。他曾经在 4700 米海拔的雷达山卡子拉山上，邮车上的羊角销突然断了，一个前轮胎滚了出去，加上地面有冰，邮车就滑啊滑啊原地 360 度掉头。在邮路上跑了多年的施建勋还是第一次遇到这种情况，他小心地操作着，邮车终于停住了。吓出了一身冷汗的施建勋紧急报警。

他曾经在海拔 5000 多米的雪山上，为换一个 300 多斤的轮胎，整整花了 3 个多小时。换完轮胎，施建勋几乎站不起来了，喉咙里有一股血腥味涌上来，感觉肺都要吐出来了。

简勇，甘孜州邮政分公司网运中心驾驶员，在这条雪线邮路上跑了 8 年邮车。他最危险的一次遭遇，是在海拔 4298 米的折多山上遇到大雪，挂上防滑链的 12 吨邮车一个劲儿地往下滑，一直滑了三四十米才停下，同行的驾驶员们赶紧捡石头垫上，结果都因为太小根本阻挡不了重重的邮车，简勇和施建勋急中生智一起抱来一个大石头，才将一直下滑的邮车挡了一下，最后邮车滑到沟里，再往下滑就是万丈悬崖，后果不堪设想。

邮车保住了，整车的邮件保住了，简勇和施建勋浑身瘫软在雪地上。

亚他彭措（汉名杨涛），甘孜县邮政分公司邮车驾驶员，主要承担甘孜—德格和甘孜—石渠邮运任务。

他说，在海拔 4700 米的海子山上，最怕的是风搅雪，山下的雪往山上卷，漫天的风雪，开车时什么都看不见，只能凭着经验慢慢开。

亚他彭措应聘到邮政当邮车驾驶员 6 年了。当年他在银行工作时，很多女孩子专门去看他，都说他特别像香港演员莫少聪。几年的雪线邮路奔波，如今的亚他彭措脸庞黝黑，一双大大的眼睛布满厚厚的红血丝，眼球突出。他说，没事儿，看过医生了，说是用眼过度，雪盲症，实在不舒服就用点眼药水。

6年来，他2016年终于有机会到内地和父母过了一次团圆年。过完年三十夜，大年初一，接到出班指令，他又回到邮路上。

亚他彭措从银行离职后，在社会上漂泊过好几年，开过超市和旅店，也被拉去做过传销，现在还是觉得在邮政公司有保障。他很珍惜现在的工作机会，不想再失去。"我最大的愿望是女儿健康长大，找到一个好工作。"他说。

其美多吉们的梦想很朴实，但实现它们却要献出青春，甚至是生命。"吕幸福"这个名字，是川藏邮路上永远的痛。

吕幸福，甘孜州邮电局邮政科副科长。这个名字，是走在川藏邮路上的人们心中永远的痛。从未忘记，却不愿意提起。

那是一件让人伤心的往事。

1996年11月22日，吕幸福从甘孜出发，到甘孜至德格邮路沿线检查工作。因患感冒，一路盘旋翻越海拔5050米的雀儿山垭口后，就再也没有能够踏上回家的路。当天晚上12点多，感觉不适的吕幸福被同事第一时间送到德格县医院抢救。因为高原性肺气肿发作，11 月 23 日上午 6 时，他永远停止了呼吸，终年 36 岁。一个年轻的生命，永远留在邮路上。每每经过雀儿山，邮车驾驶员们会在心中默默念叨他的名字。说起这个人，认识他的人都流泪："多好的人啊，太可惜了！"

吕幸福，这三个字，永远留在邮路上的每个人心中。

2014 年 6 月，甘孜州邮政分公司邮车驾驶员张晓康，执行乡城—康定的邮运任务途经无名山时，看到一个骑行的小伙子正着急地向路过的车挥手，身边还躺着一个人，前面的车都头也不回地开走了。

张晓康赶忙把邮车停了下来。原来，和小伙子一块骑行川藏线的姑娘因为高原反应已经昏迷了。他毫不犹豫地抱起已经瘫软的姑娘，开着邮车掉头向医院飞奔。医生说，如果再晚点来，姑娘的生命肯定保不住了，小伙子哭着感谢张晓康的救命之恩。

张晓康的同事、55 岁的老驾驶员徐国熙，2009 年 7 月在执行邮运任务途经九龙县鸡丑山时，路遇一小车翻下沟，重伤的驾驶员躺在边上。老徐马上调转邮车立即将伤员送往九龙县人民医院急救，驾驶员的生命保住了。第二天，伤员家属专门到九龙县邮政局感谢救命恩人。老徐说："都是在路上跑的，这点事情算啥。"

在川藏线上，邮车驾驶员的口碑是最好的。

川藏线甘孜段，经常遭遇暴风雪和泥石流，塌方滑坡路断是常事，很多路段只能单边放行，每次几乎都是邮车打头阵。邮车过了，其他客车、社会车辆才敢小心翼翼地过。如果有人自己想开过去，其他驾驶员肯定会说："邮车都没有过，你过得去就怪了。"

由于雪山道路太险峻、海拔太高，邮车驾驶员们帮社会车辆和路过的军车开过垭口的事情常有。有的社会车辆司机见状不敢开了，甚至连车都不要就自己走下山了。也有的司机拿出几千上万元钱给邮车驾驶员，请他们帮忙开过去。

邮车驾驶员们能帮的都帮了，钱都没有收。大伙儿开玩笑说，冬天的时候，我们不开邮车的，就守着雀儿山、折多山上帮忙开车，就能够挣好大一笔钱啊。当然，他们也就说笑而已。

他们和路上的道班关系最好。遇到塌方滑坡的时

候，道班的同志会主动帮他们铲雪，主动给他们送些
热的吃的和喝的过来。

兄弟情深，为了道路和邮路的畅通，他们坚守在
雪线之上。

父亲对我说得最多的一句话就是"好好上班"。
那是一种传承，为了邮路上的父老乡亲。

益登灯真和妻子小心翼翼地打开父亲的咖啡色公
文皮包，那是父亲多年来获得荣誉的各种证书和奖
状，那是他们一家最珍贵的传家宝。

益登灯真是甘孜县邮政分公司主持工作的副总经
理。当过邮车驾驶员的他，话不多，对邮路有种特别
的感情。

他算是"邮二代"。父亲俄日加是川藏线上的第
一代马班邮路乡邮员，在甘孜县东谷邮电所工作期
间，负责夺多乡—泥柯乡—县城长达 122 公里的马班
邮路。1986 年马班邮路撤销后，俄日加先后任甘孜
县邮电局邮车押运员、工会主席。

由于工作优秀突出，俄日加这个来自最基层的马

班邮路乡邮员，当选第五届、第六届全国人大代表，先后获得全国优秀邮递员、四川省职工劳动模范等多项荣誉。

在益登灯真儿时的记忆中，父亲每次出班的时候，他这个当老大的就负责把马和骡子从山上的牛场牵下来，帮着阿妈把茶壶和糌粑收拾好搭在马背上，那个大大的邮包已经很旧很旧了，阿妈缝了很多补丁，一层又一层。

他说，父亲话不多，汉话不是很流畅，对他说得最多的一句话就是"好好上班"。那是一种传承，他做人做事都向父亲学习。

他说，川藏邮路甘孜段中，冬天的甘孜—德格段是最危险的，主要是要翻越雀儿山。209公里的路，顺利的话可能5个多小时，不顺利的话可能三天三夜都到不了，我们的车是邮车，我们要与邮车共存亡，守着邮车当"山大王"。孤独、寂寞、危险，缺氧，又冷又饿，我们的驾驶员真苦啊，没有哪个驾驶员的手指甲不是裂开的，很多人都得了雪盲症。现在的雪下得比往年少了，雪少比雪多更滑，我们的邮件越来越多，邮车越来越大、越来越重，在雀儿山上只有一条路，又窄又险，你只能往前开，不能后退！

这条雪线邮路得到了地方政府的关注和支持。甘孜县政府研究，决定从 2007 年起，每年给予邮政 2 万元的普遍服务补贴。

从甘孜县越过雀儿山，就到达藏文化的发源地、被称为"格萨尔故里"的德格县。金沙江波涛汹涌，隔江相望，对面的大山上，刻着两个大大的红色的汉字——"西藏"。那是美丽的西藏昌都市江达县的地界。

邮路在延伸，通往昌都、拉萨的邮件将从德格这里出发，到达西藏。

杜卫红，现任中国邮政集团公司四川省分公司总经理、党组书记，曾经在西藏邮政工作了整整五年多，时任西藏自治区邮政公司总经理、党组书记。他对川藏邮路有着特殊的感情。他最知道那条邮路上的危险，最知道员工的苦和累。

他说："邮政普遍服务是党和国家赋予我们的神圣使命，是我们义不容辞的责任。如果说凉山木里马班邮路乡邮员王顺友是中国邮政忠实履行普遍服务的典型代表，那么康定—德格雪线邮路就是四川邮政普遍服务的另一个缩影。"

　　"那是一条神奇的天路，把人间的温暖送到边疆，从此山不再高路不再漫长，各族儿女欢聚一堂。"雪线邮路，就是一条沟通藏区和内地的吉祥天路，几代邮政员工，用他们的青春、鲜血甚至生命，实践着中国邮政普遍服务的宗旨，捍卫每个公民的通信权利！

　　他们和他们的家人，就是那一朵朵格桑花，坚守在雪域高原，点缀着那一条条漫长而艰辛的雪线邮路，奉献出他们的所有美丽。

附 录

交通运输部关于在全国交通运输行业开展向 "时代楷模" 其美多吉同志学习的决定

各省、自治区、直辖市、新疆生产建设兵团交通运输厅（局、委），中国远洋海运集团有限公司、招商局集团有限公司、中国交通建设集团有限公司、中国邮政集团公司，部管各社团，部属各单位，部内各司局：

　　其美多吉，男，藏族，中共预备党员，1963 年 9 月出生，1989 年进入邮政企业，现任中国邮政集团公司四川省甘孜县分公司长途邮车驾驶员、驾押组组长。他爱岗敬业，30 年如一日，驾驶邮车在平均海拔 3500 米的雪线邮路上运送邮件，累计行驶里程 140 多万公里，没有发生一起责任事故。他意志坚强，遭遇歹徒袭击时挺身而出，用生命守护邮件安全，身负重伤后坚持康复锻炼，以坚韧的毅力重新走上工作岗位。他珍爱团结，以螺丝钉精神扎根川藏线，将来自党中央的声音、祖国四面八方的邮件送往雪域的各个角落，用真情奉献，为促进藏区经济社会发展作出了积极贡献，被群众誉为"雪线邮路的幸福使者"。

其美多吉同志是基层一线职工的杰出代表，是维护祖国统一、维护民族团结的先进模范，是美好生活的创造者、守护者。雪线邮路上，他总是热心帮助遇到困难的人。哪里发生了交通事故，他就成了义务交通员；哪里有了争执摩擦，他就成了人民调解员。他一次次帮助外地司机驶出危险路段，引导社会车辆安全通行；他备在邮车里的氧气罐和药品，在漫天风雪、进退无路的危难关头，挽救过上百人的生命；他帮助雀儿山五道班的工人们送信件、送食物、寄汇款，除了家人和同事，最亲的就是邮路沿途的道班兄弟们。他服务人民群众、维护民族团结，是践行社会主义核心价值观的典型模范，是交通运输联系千家万户、服务亿万群众的具体体现，是新时代交通精神的生动写照。

其美多吉同志扎根雪域高原、坚守雪线邮路的先进事迹，弘扬了爱国奉献精神，展现了新时代奋斗者努力奔跑、追梦圆梦的良好风貌，使"老西藏"精神、"两路"精神在新时代焕发出新的光彩。为深入宣传弘扬他的先进事迹和高尚品格，交通运输部决定，在全行业开展向"时代楷模"其美多吉同志学习活动。

一是要学习他理想崇高、信念坚定的政治品格。崇高的理想信念是人生的支柱和前进灯塔。只有理想信念坚定的人，才能始终不渝、百折不挠，不论风吹雨打，不怕千难万险，坚定不移为实现既定目标而奋斗。其美多吉同志始终把党和人民的事业放在心中最高位置，坚信党的领导，维护祖国统一，维护民族团结。交通运输广大干部职工要以其美多吉同志为榜样，增强"四个意识"，坚定"四个自信"，坚决做到"两个维护"，坚定理想信念，不忘初心、牢记使命，履职尽责、爱党报国，把远大理想融入到平凡的工作岗位上，为实现"两个一百年"奋斗目标、实现中华民族伟大复兴的中国梦贡献智慧和力量。

二是要学习他不畏艰险、为民奉献的价值追求。习近平总书记强调，要大力倡导爱国奉献精神，使之成为新时代奋斗者的价值追求。交通运输联系千家万户、服务亿万群众，实现好、维护好、发展好人民的根本利益是交通运输工作的出发点和落脚点。交通运输广大干部职工要以其美多吉同志为榜样，面对困难不退缩，面对危险不动摇，始终保持蓬勃朝气、昂扬

锐气和浩然正气，拼搏向上，自强不息，认真履行好
交通运输服务社会的责任使命。坚持从解决人民群众
普遍关心的突出问题入手，为人民群众诚心诚意办实
事、尽心尽力解难事、坚持不懈做好事。坚持新发展
理念，加快推进现代化综合交通运输体系建设，为人
民群众提供更加安全、便捷、高效、绿色、经济的交
通运输服务，不断满足人民群众对交通运输的新需求
和新期待，让人民群众共享交通运输改革发展带来的
新成效和新变化。

　　三是要学习他忠诚担当、团结友善的高尚情操。
改革发展新征程上，不可能都是平坦大道，将会面对
许多重大挑战、重大矛盾，必须以时不我待、只争朝
夕、勇立潮头的历史担当，不断增进团结、凝聚力
量，不断锐意进取、担当作为。交通运输广大干部职
工要以其美多吉同志为榜样，尽职尽责、尽心竭力，
努力作出无愧于时代、无愧于人民、无愧于历史的业
绩。坚持立足本职、脚踏实地，把"匠心"融入工作
的每一个环节，用"恒心"完成好每一次任务，在平
凡的岗位上作出不平凡的业绩，以一流的工作业绩回
报人民、回报社会。坚持无私忘我、乐于奉献，把帮

助别人作为自己最大的快乐，在奉献社会的过程中体现个人价值，用坚守和付出书写非凡的人生华章。

向其美多吉同志学习，就是要把他的可贵品质转化为全体交通人的精神追求，加快推进新时代交通强国建设。当前，交通运输正处于基础设施发展、服务水平提高和转型发展的黄金时期，需要更多像其美多吉同志这样的共产党员、这样的交通人，扎根基层、爱岗敬业、忠于职守、无私奉献，以更加昂扬的精神状态和奋斗姿态，奋进新时代、开启新征程、创造新作为，为交通强国建设而努力奋斗。

交通运输部

2018 年 4 月 15 日

附件：其美多吉同志先进事迹

附件

其美多吉同志先进事迹

其美多吉，男，藏族，中共预备党员，1963 年出生，四川省甘孜藏族自治州德格县龚垭乡人，1989年进入邮政企业，现任中国邮政集团公司四川省甘孜县分公司长途邮车驾驶员、驾押组组长。2017 年，其美多吉当选"2016 年感动交通十大年度人物"。2018 年，其美多吉所在的康定—德格邮路被交通运输部命名为"其美多吉雪线邮路"，其美多吉荣获四川省"五一劳动奖章"。2019 年 1 月，中央宣传部将其美多吉定位为"雪线邮路的幸福使者"，授予他"时代楷模"称号，号召广大干部群众向他学习。2019年 2 月 18 日，其美多吉当选"2018 年度感动中国人物"。

其美多吉在雪线邮路上工作了 30 年。30 年来，其美多吉平均每年行驶约 5 万公里，行驶总里程达140 多万公里，相当于绕地球赤道 35 圈。他驾驶的邮车从未发生一次责任事故，圆满完成了每一次邮运任务。他 30 年如一日用青春和生命传递邮件，用鲜血和汗水忠诚履职，舍身忘我，不辱使命，实践邮政人服务国家统一、政治稳定、民族团结、经济繁荣、社会进步、人民幸福的职责使命；继承弘扬了"一不怕苦、二不怕死，顽强拼搏、甘当路石，军民一家、民族团结"的"两路"精神；丰富发展了艰苦奋斗、勇于创新、不畏艰险、默默奉献的交通精神。

不畏艰险，忠诚担当，坚守雪线邮路 30 年

甘孜州环境艰苦、气候条件恶劣、交通状况差，邮政企业开展普遍服务的难度很大。目前甘孜州邮政分公司拥有 42 辆长途邮车，41 名长途邮车驾驶人员，州内邮路往返 6516 公里，要翻越 17 座海拔 4000 米以上的大山。雪崩、山体滑坡、泥石流等自然灾害威胁着邮车、邮件和驾押人员的安全。

甘孜与德格之间，高耸着海拔 6168 米、有着"川藏第一高、川藏第一险"之称的雀儿山。雀儿山最高峰绒麦俄扎是四川境内第四高峰，终年积雪不化。垭口海拔 5050 米，是四川最高的公路垭口，川藏

线 317 国道由此穿行而过。在雀儿山隧道通车以前，317 国道在雀儿山山下是柏油马路，上山路却依旧是土路，给车辆带来极大挑战。山顶就在眼前，道路却弯曲险峻，几乎是在绝壁上开凿。车辆行驶在狭窄的山路上，一面是碎石悬挂，一面是万丈深渊，路面最窄处不足 4 米，仅容一辆大车慢行，对道路不熟或者驾驶技术不过硬的司机根本应付不了。

在 2017 年 9 月雀儿山隧道通车前，其美多吉每月都不少于 20 次在这条路上往返。冬季遇到大雪封山，被困在山上进退两难是常事。2000 年 2 月 3 日，其美多吉和同事邓珠曾在山上遭遇雪崩，进退无路，两人用铁铲等工具一点一点铲雪，不到 1000 米的距离，整整走了两天两夜。

在雪线邮路上，邮车就是司机们心目中的航标。由于雀儿山道路太险峻，有些驾驶员甚至连车都不要就下山了，其美多吉常常帮助他们开过危险路段。

爱岗敬业，不忘初心，在平凡岗位上创造不平凡价值

其美多吉说："开邮车是我从小的梦想，这是我喜欢的工作，当然要坚持下去。"18 岁那年，其美多吉买了一本《汽车修理与构造》的书，慢慢琢磨着学会了修车，后来，又通过努力学会了开车。1989年德格县邮电局招聘驾驶员，其美多吉开得好，又会修车，被选中开上了全县唯一的邮车。

川藏线不仅路况复杂、气候恶劣，过去车匪路霸也时常出没。1997年至今，甘孜州发生过十多起邮车被抢事件，在一次次生死考验面前，邮政人毫不犹豫地挺身而出，用鲜血和生命守护着邮件和邮车的安全。2000年，驾驶员唐健和押运员肖良在甘孜县庭卡电站附近被两名持枪歹徒抢劫，连外衣也被强行脱走。2001年，驾驶员万树茂与押运员邱宇在罗锅梁子被歹徒开枪射击，邱宇左眼中弹，右眼也留下了弹片，28岁的他双目失明。

2011年，其美多吉的大儿子婚期临近，却突发心肌梗塞去世，这场打击也让其美多吉变得沉默寡言。2012年9月，其美多吉驾驶邮车返回甘孜，遭遇歹徒持刀抢劫，身中17刀，肋骨被打断四根，头盖骨被掀掉一块。出院后，左手因为肌腱断裂一直无法合拢，他不得不暂别岗位。接连遭遇精神和身体的重创，其美多吉并没有向磨难低头。为了重返邮路，他四处求医，通过痛苦的治疗使左手康复。一年后，不顾同事和家人的劝阻，他再次开上了邮车。

其美多吉知道，他们的工作关乎个人生命安全，关乎客户邮件安全，关乎国家秘密和财产，绝不能有半点闪失。"做好检查，才能安全行驶"。从车辆检查、维修，到熟悉邮路上的每一个转弯、每一处暗冰，其美多吉和他的同事们把执着、专注、精益求精的"匠心"融入邮运驾驶的每一个环节。

如今，其美多吉所在的驾押组，年龄最大的 56 岁，最小的 27 岁。他们和其美多吉一样年复一年奔波在雪线邮路上。2018 年，其美多吉带领班组安全行驶 62.49 万公里，向西藏运送邮件 41 万件，运送省内邮件 37 万件，连续 30 年机要工作质量全红。

乐于助人，团结友善，做藏区传递幸福的使者

雀儿山隧道未通车前，在海拔 6168 米的雀儿山上，其美多吉经常给雀儿山上第五道班的工人莫尚伟、黎兴玉夫妇送去新鲜的蔬菜。他们说，在这荒凉的生命禁区，邮车送来的报纸和家书，是精神世界的唯一安慰。而过去 20 多年里，他们托其美多吉送出去的家书和工资，没有一次丢失过。

雪线邮路上的 30 年，其美多吉见证着祖国对藏区的巨大扶持，看到了家乡日新月异的巨变。2017年 9 月 26 日，雀儿山隧道正式通车。其美多吉开着邮车，第一个通过了雀儿山隧道。过去需要过老虎嘴、鬼门关等危险重重 2 个多小时的路程，现在只要12 分钟就可以通过。

从前，邮车总是运进来的东西多，运出去的东西少。近年来，随着电商的发展，送到高原上的包裹越来越多。"我看到老百姓拆包裹的样子，心里就高兴。"其美多吉说。现在，德格印经院的精美藏经、南派藏医的藏药、高原上的土特产，都是通过邮车运递出去。在党和国家坚决打赢脱贫攻坚战的关键阶段，其美多吉和他的同事们一直耕耘在藏区"工业品下乡，农产品进城"的最后一公里，默默守护着藏区人民对美好生活的向往。邮路沿途的藏民，对邮车有着很深的感情，称其美多吉和他的同事是"传递幸福的使者"。

30 年来，其美多吉没有在运邮途中吃过一顿正餐，几乎没在家里吃过年夜饭。其美多吉驾驶技术好、路况熟，川藏线上无人不知，很多人劝他换个更轻松更挣钱的工作，他却说："每一个邮件、包裹都饱含着父母对儿女的牵挂、儿女对父母的孝心，不及时送达感觉对不起那一份份心意。我就喜欢开邮车。"其美多吉没有豪言壮语，但每一句都掷地有声。

其美多吉说："我是一个地道的康巴人，懂得感恩。每当老百姓看到邮车和我，就知道党和国家时时刻刻关心着这里。我们每一颗螺丝钉都是在为藏区安定团结作贡献，我热爱我的工作。"

国家邮政局关于在全国邮政行业开展向
"时代楷模"其美多吉同志学习的决定

国邮发〔2019〕7号

各省、自治区、直辖市邮政管理局，国家邮政局直属各单位、机关各司室，中国邮政集团公司，各快递企业：

近日，中共中央宣传部授予其美多吉同志"时代楷模"荣誉称号，并向全社会宣传发布其先进事迹，号召广大干部群众向他学习。其美多吉是中国邮政集团公司四川省甘孜县邮政分公司邮车驾驶员、驾押组组长，承担着川藏邮路甘孜到德格段的邮运任务。他爱岗敬业，三十年如一日，驾驶邮车在平均海拔3500米的雪线邮路上运送邮件，仅往返1208公里的雪线邮路最险路段，就已累计行驶里程140多万公里，没有发生一起责任事故。他意志坚强，遭遇歹徒袭击时挺身而出，用鲜血和生命守护邮件安全，身负重伤后坚持康复锻炼，以坚韧的毅力重新走上工作岗位。他珍爱团结，以螺丝钉精神紧紧钉在川藏线上，将来自党中央的声音、祖国四面八方的邮件送往雪域的各个角落，用真情奉献为促进藏区经济社会发展作出了积极贡献，被群众誉为"雪线邮路的幸福使者"。参加工作以来，其美多吉同志先后荣获"中国好人榜""四川省五一劳动奖章""2016年感动交通十大年度人物"等荣誉。

其美多吉同志是邮政业基层一线职工的杰出代表，是维护民族团结的先进模范，是美好生活的创造者、守护者。他扎根雪域高原、坚守雪线邮路的先进事迹，有力弘扬了爱国奉献精神，展现了新时代奋斗者努力奔跑、追梦圆梦的良好风貌，使"老西藏"精神、"两路"精神在新时代焕发出新的风采。为深入宣传他的先进事迹和高尚品格，激励邮政业广大党员干部职工在建设现代化邮政强国的征程中当先锋、作表率，国家邮政局决定在全国邮政行业深入开展向"时代楷模"其美多吉同志学习的活动。

一是要学习其美多吉同志理想崇高、信念坚定的政治品格。邮政体系是国家战略性基础设施和社会组织系统，在国民经济中发挥着重要的基础性作用。人民邮政为人民，是邮政业始终如一、永恒不变的初心使命。30年来，其美多吉把履行好邮政普遍服务和特殊服务职责，看得比泰山还重；把传递党和政府的声音，满足人民群众通信需要，看得比自己的生命还宝贵。其美多吉在川藏线边上长大，见证了改革开放40年来，尤其是党的十八大以来，藏区经济、社会发生的翻天覆地变化，他心怀感恩，多次动过入党念头，经常对标党员标准，用行动践行了一名共产党员的誓言。学习其美多吉同志，就要像他那样追求崇高的理想，坚定爱党为民的信念，在平凡岗位上坚守一名共产党员的初心。

　　二是要学习其美多吉同志不畏艰险、为民奉献的价值追求。川藏邮路甘孜段，途经康定、道孚、炉霍、甘孜，最后抵达川藏邮路四川段终点站——德格县。从康定出发，其美多吉要翻越折多山、雀儿山等大大小小17座山，雀儿山路窄、雪厚、弯急，垭口海拔5050米，最窄处不足4米，仅容一辆大车缓慢通行，常发生车毁人亡事故，每一次换挡加速转向，都是在与死神博弈。他意志坚强，遭遇歹徒袭击时挺身而出，用鲜血和生命守护邮件安全，身负重伤后坚持康复锻炼，以坚韧的毅力重新走上工作岗位。走一次雪线邮路不是难事，但几十年如一日驾车穿越极为不易；克服生活和工作中的困难看似平常，但多次死里逃生后又义无反顾重返邮路更难能可贵。学习其美多吉同志，就要像他那样把不畏艰险、为民奉献作为人生的价值追求，不怕吃苦、不惧风险，在奋进新时代中勇当先锋。

三是要学习其美多吉同志忠诚担当、团结友善的高尚情操。其美多吉深知自己虽然岗位平凡，但责任在肩、使命如山。他的邮车上有党报党刊，有来自全国各地的邮件和包裹，还有藏区百姓脱贫致富的特色农产品。在他心里，他们传递的不仅是一个个邮包、一份份报纸，更是乡亲们心中殷切的期望和对美好生活的向往，厚植着党的执政基础。在其美多吉的邮车上，常备氧气瓶、铁锹、药品和防滑链，长年奔走雪线邮路，他和同事们曾经救助过因高原反应晕倒的"驴友"、因雪天路滑不敢开车的司机、被风雪围困的牧民……他们凝聚起了各民族同胞手足相亲、守望相助，共同维护民族团结、国家统一，共同铸牢中华民族共同体意识，携手开创中华民族美好未来的磅礴力量。学习其美多吉同志，就要像他那样忠诚履职，讲团结、顾大局，行友善、促和谐，用实际行动践行社会主义核心价值观。

四是要学习其美多吉同志爱岗敬业、专注执着的劳动精神和劳模精神。他爱岗敬业，三十年如一日，驾驶邮车在平均海拔 3500 米的雪线邮路上运送邮件，用生命践行着"人民邮政为人民"的使命宗旨，创造守护着藏区人民的美好生活。他沉得下心境，耐得住寂寞，抵得住诱惑，他没有因熟悉川藏线、驾驶技术好而去跑运输挣大钱；受伤康复后，经六次申请，得以重返邮车；单位曾两次将他调整到管理岗位，但他婉言谢绝单位的好意；2018 年年初，55 岁的其美多吉递交延迟退休报告。学习其美多吉同志，就要像他那样爱岗敬业、恪尽职守、脚踏实地、专注执着，把满腔热情注入邮政业发展的事业中。

邮政管理系统、邮政企业和快递企业要充分认识深入开展向其美多吉同志学习活动的重要意义，教育和引导广大党员干部职工学习其美多吉同志先进事迹和崇高精神。要切实加强组织领导，把学习其美多吉同志先进事迹与推进"两学一做"学习教育常态化制度化结合起来，广泛开展形式多样的学习宣传活动，大力营造崇尚先进、学习先进、争当先进的浓厚氛

时代楷模其美多吉

围，使其美多吉同志先进精神成为全国邮政行业党员干部职工建功立业、拼搏奋进的强大精神动力。

广大党员干部职工要紧密团结在以习近平同志为核心的党中央周围，认真学习贯彻习近平新时代中国特色社会主义思想和党的十九大精神，不忘初心、牢记使命，认真学习其美多吉的先进事迹，以"时代楷模"其美多吉为榜样，以更加昂扬的精神状态和奋斗姿态，奋进新时代、开拓新征程，推进习近平新时代中国特色社会主义思想在邮政业生动实践，为全面建成与小康社会相适应的现代化邮政业而努力奋斗，为实现中华民族伟大复兴作出新的更大的贡献！

国家邮政局

2019 年 1 月 28 日

跟着多吉走邮路

董道飞

2018 年 9 月 13 日，四川省甘孜县一场中雨过后，气温突降至 8 摄氏度，空气中弥漫着阴冷潮湿的味道。

7 时 30 分，中国邮政集团公司甘孜县分公司邮车驾驶员其美多吉，穿着抓绒邮政制服，准时发动"川 V15791"号邮车，驶上邮路。

"早上起来本来穿着单外套。"其美多吉说，"一出门又给冻回去了，换了一件厚衣服"。

当天，其美多吉要驾驶邮车前往 97 公里外的新龙县。"正常情况下，两个半小时就能到达。"邮车行驶在湿滑的路面上，其美多吉还是有些担心，"这条邮路，最怕下雨。一下雨，沿途的山体容易产生落石和塌方，路边的雅砻江水流更急、更汹涌"。

邮车长 9.6 米、宽 2.4 米、高 3.9 米，里面装着 397 件包裹和 5000 余份报刊，算是正常的量。前往新龙县的邮车，由最开始的三天一班到两天一班，再到现在的每天一班。"频率高了，但邮件量没下降。"这让其美多吉感到非常自豪，"老百姓的用邮需求在增大，说明他们很需要我们，我们的工作很有意义"。

在川西邮路上跑了整整29年，英俊帅气的康巴小伙变成满脸沧桑的中年大叔，55岁的其美多吉依然舍不下挚爱的邮路："我已经向公司打了延迟退休报告，还想在邮路上多跑几年。"

29年的奔走和坚守，其美多吉对邮车和邮路充满热爱和眷恋。2017年11月7日，其美多吉在自己的入党申请书中这样写道："参加工作开上邮车的时候我非常兴奋，也很珍惜这份工作。邮车拉的是邮件，有党报党刊、老百姓的书信和包裹，这是藏区与外界交流联系的桥梁，传递的是党和政府的声音和亲人的信息。我觉得这是一份神圣的工作。"

今天邮车上的包裹，大部分来自北京、上海、杭州、大连、东莞等内陆和沿海城市，收件人集中在新龙县中学和附近乡镇。"每一个包裹都饱含着父母对儿女的牵挂、儿女对父母的孝心。"其美多吉说，"真的让人感觉肩上的责任沉甸甸的"。

邮车拐进山里，其美多吉紧闭着嘴唇，双手紧握方向盘，眼睛不时向左上方观望。

邮路沿着陡峭的山体和汹涌的雅砻江蜿蜒向前，每隔 200 米左右就能看见路面上散落着大大小小的落石。

越往前走，路况越不好。落石、塌方不断，双向车道有时仅容一车勉强通过。因为当天出车不算太早，前车已经清理了部分路障。"大部分情况下，邮车是这条路上最早的通行车辆，清理落石方便车辆通过，也是我分内的工作。"其美多吉说。

为了防止塌方和落石，公路管理部门贴着山体一路建起了很多防护墙，粗大的钢立柱和密集的铁丝网，构成了一道道安全防线。但遗憾的是，随着邮车一路前行，基本很难见到完整成形的山体防护墙：有的铁丝网被落石从中间生生砸开，有的钢立柱被落石砸得完全弯曲变形，有的干脆连柱带网裹着落石扭成一团。

又遇到一处塌方点，停车等待对面车辆通过的间隙，其美多吉说："因为这条路上落石和塌方太多，道路养护部门根本忙不过来，尤其是雨季。"

其美多吉坦言，这条邮路，最好走的时候是冬季。因为冬季气温低，山体在冰雪覆盖之下，不容易造成落石和塌方："路面有冰雪，注意路面就行。雨季就不一样，要看路面，防止打滑；要观察头顶，小心落石和塌方；还要注意河道水位。"

离新龙县城不远的一个弯道处，一辆面目全非的越野车摆放在怒吼的雅砻江边，向过往车辆作着无声警示。邮车驶入直道，即将进入县城时，其美多吉才提起那个弯道和那辆车："前不久网上有一段视频，一辆车上4名女子，直接冲进了雅砻江，无一生还。事故地点就在那里，那辆车就是被打捞上来的事故车辆……"说到这里，刚强的康巴汉子也不由得唏嘘不已。

11时30分，邮车驶入新龙县邮政分公司办公点，比预定时间晚了整整2个小时。一直等着邮车到来的新龙县邮政员工笑容满面地迎上来："其美多吉大哥，刚下过雨，路况不好，知道你不能准点到。没关系，平安就好！"

12时40分，办理完所有的邮件交接手续，其美多吉一脚油门，"川V15791"号邮车登上返程邮路。

路上阳光普照，远山云雾缭绕，其美多吉心情大

好，兀自哼起了自己钟爱的《青藏高原》："是谁带来
远古的呼唤，是谁留下千年的祈盼……"

（原载《中国邮政快递报》2018 年 9 月 19 日）

"雪线邮路，我一生的路"

——其美多吉先进事迹报告会侧记

王宏坤

其美多吉先进事
迹报告会
（来源：腾讯视
频邮政新闻宣传
中心《其美多吉
报告会全程》）

"29 年了，一个人的邮路是寂寞的，也是孤独
的，但这是我的选择，我从来没有后悔过。雪线邮
路，我一生的路！" 2018 年 3 月 21 日，其美多吉先
进事迹报告会在北京全国政协礼堂举行。其美多吉是
中国邮政集团公司四川省甘孜藏族自治州甘孜县分公
司邮运驾驶组组长。他朴实的话语一次次打动在场的
上千名观众，雷鸣般的掌声持续响起，不少人为之动
容，红了眼眶。

"这么多年，阿妈总是埋怨阿爸"

当日，报告会现场座无虚席，高挂的大红横幅上
写着"发扬雪线邮路精神　不畏艰险　为民奉献　忠
诚担当　团结友善"，这正是此次报告会的主题。报
告团五位成员李显华、其美多吉、扎西泽翁、曾双
全、吴光于从不同的角度，用真挚的感情、质朴的语

其美多吉先进事迹报告会
（易思祺／摄）

言和生动的事例，向现场观众讲述了以其美多吉为代表的一代又一代邮政人忠诚践行"人民邮政为人民"的感人事迹。

"下雪了，沉寂了一个冬天的川西高原，在立春后的第三周悄然落下了第一片春雪……"在舒缓的音乐声中，纪录片《雪线邮路》展开了一幅堪称"惊险"的画卷，而这正是其美多吉每日的"必修课"——穿越艰难险阻，传递邮政情怀。现场观众在为沿途的惊险唏嘘不已时，也真切地感受到其美多吉的忠诚之心、为民之行、奉献之举。

"29年来，其美多吉几乎每天都奔波在雪线邮路上，每个月要翻越雀儿山20多次……29年来，其美多吉仅向单位提过一次要求，就是身受重伤后，身体才稍稍康复，便坚决要求重返邮路……"中国邮政集团公司甘孜藏族自治州分公司党委书记、总经理李显华的讲述，让观众看到一个无私忘我、积极乐观的其美多吉。

而他人眼中不畏险阻、甘于奉献的其美多吉也有不为人知的孤独。"邮路上，我们可能半天都遇不到一个人、一辆车，尤其是逢年过节时，我就特别想家，觉得自己不是一个称职的丈夫和父亲。"其美多吉的讲述令很多人泪眼婆娑。

国家邮政局邮政业安全中心主任江明发直言"特别感人，哭湿了几张纸巾"。江明发自1982年参加工作以来，从未离开过邮政系统。"我也长期在邮政一线工作过，对押运员、投递员特别有感情。每逢过节，大家为了工作不能与家人团圆，其中的心酸常人难以体会。"江明发告诉记者，他听了其美多吉的故事，感同身受。他说："其美多吉的环境更为艰苦，事迹尤其感人，值得我们全系统全行业好好学习。"

扎西泽翁是其美多吉的小儿子，也是他的同事，在甘孜县邮政分公司做邮运调度工作。他讲述到"这么多年，阿妈总是埋怨阿爸，家里的大事小情，他都不在……我知道，我的阿妈是刀子嘴豆腐心，她比谁都在乎阿爸"时，现场再次爆发出掌声，很多观众轻轻地用手擦拭着眼泪。会后，一位女观众表示，她特别能理解这位阿妈的不易和伟大，"她和其美多吉一样，都非常了不起"。

"记录了很多心得体会，手都写酸了"

"伟大时代呼唤伟大精神，崇高事业需要榜样引领。"报告会上，交通运输部党组书记杨传堂为"其美多吉雪线邮路"精神"点赞"，并作出指示，使现场观众深受鼓舞。

"我记录了很多心得体会，手都写酸了。"报告会现场，很多观众沉浸在感动中，他们有的拿起手中的相机拍下纪录片中的感人瞬间，有的在笔记本上奋笔疾书，第一时间记录下自己的所思所想。中国邮政集团公司一名员工告诉记者，他记录了好几页心得，其中杨传堂书记的指示和他的个人感悟"关键词"占了很大一部分。"回去我再好好整理一下，一定好好贯彻学习，把榜样的力量转化为忠诚奉献、努力奋进的动力。"

"这个康巴汉子的故事很真实，工作中有苦有乐。我也是邮政员工，这样的故事就发生在我们身边，我觉得很自豪。"一位观众用手机视频记录下感人至深的英雄故事。据他介绍，他还把现场的精彩瞬间在微信"朋友圈"进行实时直播。虽然他知道新华社客户端等新媒体有网上直播，但现场的感受更为震撼。"很多人在我发的视频下留言、点赞，大家都非常感动。"他说道。

各地邮政管理部门和邮政企业的干部职工则通过电视电话会议、网络直播等形式同步了解到其美多吉的感人事迹。很多邮政员工难掩激动的心情，纷纷留言"向勇敢的康巴汉子致敬"，他们称赞其美多吉"用一辈子来坚守岗位，用满腔热血来演绎邮政故事"，是"高原雪线邮路的坚守者"，是"邮政楷模"，是"我们坚守岗位、努力奋进的榜样"……

广西南宁市邮政管理局王平安"眼眶湿润了好几次"，他深深地感受到"做好一件事情不难，难的是一件事做上百、上千、上万次"。他说："5年来，我走过300多个邮政网点，遇到过近千名邮政员工，他们大都和其美多吉一样兢兢业业、忘我奉献、忠诚担当。我发自肺腑地感觉到邮政业需要其美多吉这样的典型和故事。"

"作为天津邮政管理系统普通一员，我要向其美多吉及他所代表的雪线邮路团队学习。学习他们理想崇高、信念坚定的政治品格，不畏艰险、为民奉献的价值追求和忠诚担当、团结友善的高尚情操。"天津市邮政管理局麻庆伟表示，将把学习精神转化为实际动力，把邮政管理工作作为终身奋斗的事业，为建设与高质量小康社会相适应的天津邮政业、实现邮政强国目标发出自己的光和热。

"非常感恩，继续做好本职工作"

作为此次报告会的主角，其美多吉的心情非常复杂。在其美多吉心里，他只是做了自己应该做的，没想到能收获这么高的荣誉，得到各级组织和众多同事的肯定。他说："我感到很荣幸，能站在这个舞台上，向大家介绍雪线邮路的故事。也非常感恩，我将继续做好本职工作，不辜负大家对我的信任。"与此同时，他也深深地感到对家人的愧疚。

发扬雪线邮路精神　不畏艰险　为民奉献

泽仁曲西接过一名邮政员工送来的鲜花
（王宏坤/摄）

在扎西泽翁讲述他心中的阿爸时，观众不只被其美多吉的事迹所感动，更为其美多吉的妻子泽仁曲西的坚韧而落泪。其间，其美多吉也泪湿眼眶。会后，他对记者说："这么多年来，我对家人照顾得不够，很多事情都没有尽到责任，大儿子和老父亲离世，我都没能见他们最后一面。妻子为了让我安心工作，一个人撑起了整个家庭，我非常感谢她。"其美多吉说，他的工作很有意义，肩负着妻子的嘱托和藏区广大农牧民的信任。"虽然经常面对与家人的离别，需要与孤独作战，需要与险恶的自然环境抗争，但一想到能为那么多农牧民及时送去党报党刊、录取通知书和邮政包裹，我就觉得很欣慰。"其美多吉说，藏区农牧民对他工作的认可和对邮政的信赖，弥补了他对家人的自责和亏欠。

扎西泽翁讲述期间的一个小插曲令泽仁曲西感到惊喜。中国邮政集团公司一名员工为泽仁曲西献上了一束鲜花，向其致敬。泽仁曲西一度热泪盈眶，把鲜花小心地捧在怀里，虔诚地亲吻着……

（原载《中国邮政快递报》2018 年 3 月 23 日）

爱在天路

陈文毅

那是 2010 年 4 月 14 日，青海玉树发生 7.1 级地震。

震后第二天，甘孜县邮政分公司邮车驾驶员易晓勇受命，和甘孜州公司邮车驾驶员张晓康一道，开着装载着四川省邮政分公司抗震救灾物资的两辆邮车，从甘孜县出发，在余震中冒着生命危险，连夜向玉树挺进。与此同时，易晓勇的妻子——《甘孜日报》记者余应琼正在玉树采访抗震救灾。

震后的玉树满目疮痍，让易晓勇第一次感悟到生命的脆弱和无助。他给妻子打电话没有打通，就发了短信：“我到玉树来了。”隔了很久，妻子短信回复：“保重。”

易晓勇和张晓康将邮车开到玉树红十字会救灾现场，卸下救灾物资后，就投入到了抗震救灾中。他们与最先赶到的救援队和志愿者一起，紧急救人和搬运救灾物资。

　　生死一线之间，易晓勇与妻子同在震后的玉
树，却无法相见。两天后，易晓勇和张晓康才从玉树
撤出。

　　他说，她喜欢她的工作。易晓勇给记者展示了
《甘孜日报·玉树石渠抗震救灾特刊》，妻子余应琼亲
历玉树的几千字日记体报道《见证·感受·记录》。
这个敬业的女记者，连续多天与灾民们同吃同住，冒
着生命危险战斗在新闻报道第一线。

　　我在易晓勇眼中看到了他发自内心的自豪和
爱恋。

　　一路采访过来，一个个彪悍的康巴汉子背后，都
有一个个让人潸然泪下的故事。

　　张克荣与病逝妻子李萍的相濡以沫，其美多吉和
妻子泽仁曲西面对生活重大变故相依为命，扎西泽翁
与新婚妻子单珍拉姆的异地恋……他们将对家人和高
原的爱，化作对邮路的爱，对邮路上的各族兄弟姐妹
的爱，那种坚守，那种忠诚，让人无法不为之动容。

　　9 年前，我曾经陪同《瞭望东方周刊》的记者，
走过这段康定—德格邮路，一路采访，一路的感动。

　　9 年后，再次走在这条邮路上，我依然感动，甚

至不能自已。

在海拔 3410 米的甘孜县城，当我因为高原反应输液输氧的时候，当我从一楼走上三楼都要吸一下氧气瓶的氧气才感觉舒服一点的时候，我们的邮政兄弟姐妹们，却几十年坚守在雪线邮路上，坚守在连氧气都不足的雪域高原上。

其美多吉的妻子泽仁曲西悄悄地告诉我，小儿子扎西泽翁的妻子已经怀孕了，她美丽的脸庞洋溢着热切的希望。

是啊，新的生命正在诞生，而这条传承了 62 年的雪线邮路也正经历着历史性的改变——道路越来越宽、越来越平坦了，很多险峻的盘山公路正被一条条隧道所取代。我为这条邮路上的后来者们，能够在这条日新月异的川藏交通大动脉上继往开来而庆幸。

祝福亲爱的兄弟姐妹们，扎西德勒！

（原载《四川通信报》2016 年 8 月 31 日）

策划编辑：郑海燕

责任编辑：郑海燕

封面设计：林芝玉

责任校对：史伟伟

版式设计：杜维伟

图书在版编目（CIP）数据

时代楷模其美多吉／中国邮政快递报社 编 . —北京：人民出版社，2019.5

ISBN 978－7－01－020685－1

I.①时…　II.①中…　III.①其美多吉－先进事迹　IV.① K828.1

中国版本图书馆 CIP 数据核字（2019）第 068973 号

时代楷模其美多吉

SHIDAI KAIMO QIMEIDUOJI

中国邮政快递报社　编

人民出版社 出版发行

（100706　北京市东城区隆福寺街 99 号）

北京汇林印务有限公司印刷　新华书店经销

2019 年 5 月第 1 版　2019 年 5 月北京第 1 次印刷

开本：710 毫米 ×1000 毫米 1/16　印张：12.5

字数：90 千字　印数：00,001－20,000 册

ISBN 978－7－01－020685－1　定价：48.00 元

邮购地址 100706　北京市东城区隆福寺街 99 号

人民东方图书销售中心　电话（010）65250042　65289539